Kuba fürs Handgepäck

Kuba
fürs Handgepäck

Herausgegeben von Eva Karnofsky

Übersetzungen von Anneliese Botond, Hans-Joachim Hartstein, Joachim Kalk, Eva Karnofsky, Maralde Meyer-Minnemann, Angelica Schnell und Matthias Wolf

Unionsverlag
Zürich

Im Internet
Aktuelle Informationen,
Dokumente, Materialien
www.unionsverlag.com

Unionsverlag Taschenbuch 550

Rieterstrasse 18, CH-8027 Zürich
Telefon 0041-44-283 20 00, Fax 0041-44-283 20 01
mail@unionsverlag.ch

Verwendung der Karte auf der Umschlaginnenseite mit freundlicher Genehmigung des Reise Know-How Verlags, Bielefeld.
Reihengestaltung: Heinz Unternährer
Umschlaggestaltung: Martina Heuer, Zürich
Umschlagfoto: Jason Flint
Druck und Bindung: CPI – Clausen & Bosse, Leck
ISBN 978-3-293-20550-5

Inhalt

La Habana – Wie ein Diamant im Licht

Jeanette Erazo Heufelder

La Habana – die Schöne, die große Dame der ehemaligen spanischen Kolonien, die Metropole mit den Allüren einer alternden Diva. Obwohl die Jahrhunderte nicht spurlos an ihr vorübergegangen sind, liefert sich der weibliche Star unter den lateinamerikanischen Großstädten dem Leben immer noch mit einer Leidenschaft aus, die verhindert hat, dass aus Alltag monotone Gewohnheit wurde. Havanna improvisiert nach Tageslaune, frech und ohne Selbstgefälligkeit, womit sie eigentlich so gar nicht ihrer Rolle einer in die Jahre gekommenen Diva entspricht. Ihr gelingt es jeden Tag aufs Neue, das Publikum mit ihrer Selbstinszenierung zu begeistern, ohne in falsche Sentimentalität oder Effekthascherei abzugleiten. Der Dialog mit den Bewohnern füllt die Stadt mit Leben.

Die Hälfte ihrer Straßen führen zum Meer, wo sie sich im tiefblauen Horizont verlieren. Von dort dringt beständig frische Luft in die Stadt. Das Meer pumpt Lebenselixiere über die Mauern der kilometerlangen Uferpromenade und durchtränkt die Straßen mit jener jodhaltigen Prise Salz, die Tag und Nacht vom Golfstrom herüberweht. Die pralle, in der Mittagszeit oft bleischwere Sonne kippt über Havanna das

Füllhorn der Tropen aus, eine Hitze, die wie ausgereifter Rum durch den Körper strömt. Sie dringt in alle Poren ein und lässt dennoch Luft zum Atmen. Denn die Nähe des Ozeans nimmt ihr das Drückende. Allerdings bringt dieser Nachbar in regelmäßigen Abständen auch Unruhe in die Stadt. Immer dann, wenn sich die Winde zu tosenden Wirbelstürmen steigern. Havanna hat sich längst an die Temperamentsausbrüche gewöhnt. Die Stadt am Meer lässt sich bei ihrer täglichen Darbietung nicht aus der Fassung bringen. Unter dem unverwüstlich leuchtenden Blau der Karibik zeigt sie ihre tausend Gesichter. Und wenn vor der Kulisse wuchtig und kurz ein tropischer Vorhang aus warmem, schwerem Regen fällt, holt sie Atem, um wieder strahlend und mit scheinbar unerschöpflicher Energie auf der Bühne zu erscheinen. Die letzten Regentropfen lässt sie von der Sonne trocknen, die sich nach den pausenfüllenden Stürmen und Regengüssen erneut ihren Weg in Häuser und Innenhöfe bahnt, durch Ritzen geschlossener Jalousien und durch aufwendig verarbeitetes Buntglas; Schutzschilder, mit denen Fenster und Türen verkleidet werden, um das Licht zu mildern, das sich über Straßen, Plätze und *patios* ergießt. Lebendiges, tanzendes Licht, das mehr als einmal dazu verführt hat, die Stadt auch mit einem Diamanten zu vergleichen, der je nach Lichteinfall in wechselnden Primärfarben leuchtet. Ein Spiel mit Schatten und Kontrasten, voller Feinheiten und Anspielungen, für die das menschliche Auge in Havanna besonders empfindsam zu sein scheint.

Der Blick auf Kubas Metropole nutzt sich nicht ab. Er gleicht der Betrachtung eines Lieblingsgemäldes, bei dem man voller Erstaunen feststellt, dass es immer wieder ein neues, überraschendes Detail zu entdecken gibt.

Havanna – Takt der Musik, Geist der Bücher

Havannas Atmosphäre wird von Geräuschen genährt, die an keinem Ort der Stadt verstummen, weil sie wie das Licht der Sonne durch den kleinsten Mauerspalt ins abgelegenste Haus dringen. Die lärmenden Pumpen der Tankwagen, die Wasser in die Zisternen der alten Wohnhäuser leiten. Das Scheppern der Holzkarren mit den kleinen Rädern auf dem Kopfsteinpflaster der Altstadt, die den Beginn jedes neuen Arbeitstages verkünden und erst am Abend wieder verstummen. Das asthmatische Motorenbrummen museumsreifer Straßenkreuzer, die zu Havannas Straßenbild gehören wie die Statue der Giraldilla auf dem Turm des Castillo de la Real Fuerza. Und überall ein Hämmern, Bohren, Klopfen, Schleifen, Sägen – optimistische Geräusche einer Stadt, die nie den Glauben an sich selbst verloren hat, auch wenn von ihren Häusern, die durch halb geschlossene Augenlider wie Theaterkulissen wirken, teilweise nur noch die Fassaden stehen, nachdem sie jahrzehntelang dem zersetzenden Atem der salzhaltigen See und der Zeit überlassen wurden. An Mauern blättert Farbe ab, und von Fassaden bröckelt Putz. Die Häuser verfallen. Aber dort, wo die Pastelltöne verblichen sind, streicht ein trauriger Bolero neue Farbe darüber. Wo sich Putz löst, untermauert Nico Rojas' Lied *Mi ayer* melancholisch die Vergänglichkeit. Und wo ein müder Straßenhändler zum Kauf seiner Erdnusstütchen auffordert, erinnert Moisés Simóns Hit *El Manicero* an die Blütezeit der Marktrufe, als lauthals schreiende Händler Havannas Straßen mit einem vielstimmigen Chor erfüllten. In Form von Liedern und Refrains boten sie von Fisch bis zu Orangen alles an, was sich in Karren schieben ließ, so einfallsreich, dass kubanische Schriftsteller ihrer Faszination erlagen. Die Stimmen der Marktrufer leben in der kubanischen Literatur weiter, nachdem sie in Havannas Straßen verstummt sind. Die Refrains der Händler sind verschwunden, das musikalische Potpourri auf den Straßen ist dennoch geblieben und unterstreicht Havannas maroden Charme.

Die Kubaner gehen mit ihrer Hauptstadt ausgesprochen menschlich um. Sie ärgern sich über sie und verzeihen ihr wie einer alten Freundin, die man seit Kindestagen kennt, oder einer Lebensgefährtin, mit der man zu viele vertraute Gewohnheiten teilt, um durch einen Streit ein endgültiges Zerwürfnis zu riskieren. (Und deshalb soll von Havanna – wie im Spanischen – auch hier als einer weiblichen Stadt die Rede sein.) Wer Havanna verlässt, wird fortan durch die Erinnerungen an einen Ort aufgewühlt, dem auf der Suche nach existenziellen Alternativen und politischer Freiheit vielleicht enttäuscht oder sogar verbittert der Rücken gekehrt wurde. Doch zum Schmerz des Exils gesellt sich bald die stechende Sehnsucht nach einer Stadt, deren Pulsschlag mit dem eigenen unlösbar verbunden zu sein scheint, da beide gleichermaßen von jenen Lebensenergien durchdrungen werden, die diese wunderbare Mischung aus Sonne und Licht, Hitze und Stürmen, Rhythmus und Farbe erzeugt. Wer das Glück hatte, mit einer solch sinnlichen Nahrung aufzuwachsen, wird sie an anderen Orten vergeblich suchen. Auch in der Ferne werden die Gedanken und Gefühle weiterhin um Havanna kreisen, stärker und eindringlicher noch als vorher. Worte stehen nun an Stelle des Gelebten, die *Verlorenen Worte* – so der Titel eines Romans von Jesús Díaz – der Exilanten, die über dem Golfstrom verhallen. Könnte Havanna sie hören, würden sie ihr vertraut sein, da ihre Sprache auf den Straßen der Stadt zu Hause ist: Tragik entlädt sich in Witz. In den Worten der Fortgegangenen lebt Havanna mit einer Selbstverständlichkeit weiter, die eine tiefe Zuneigung erahnen lässt. Mühelos werden Straßen und Plätze im Gedächtnis abgerufen, Anekdoten und Geschichten liefern den Stoff für die kubanische Exilliteratur.

In *Sábanas blancas,* einer musikalischen Huldigung an Kubas Hauptstadt, singt Gerardo Alfonso: »Wenn dich meine Augen eines Tages verlieren, wenn mich das Leben in einen weit entfernten Winkel der Erde verbannt, schwöre ich dir, werde ich vor Liebe und vor Sehnsucht danach sterben, einmal noch durch deine Straßen zu spazieren.« Havanna hat keine Angst vor Kitsch. Jahrhundertelang liefen in der kubanischen Metropole die Fäden zusammen, die die Alte mit der Neuen Welt verbanden. Hier gesellten sich Tratsch und Klatsch zu hoher Dichtkunst. Spanisches Pathos mischte sich mit afrikanischen Rhythmen und überzog alles, was anderswo vielleicht nicht zusammengepasst hätte, mit einer unverwechselbaren kubanischen Patina. Was den Romancier und Essayisten Alejo Carpentier dazu brachte, Havanna als »wirklich malerische« Stadt zu charakterisieren, als wäre er verblüfft darüber, dass diese Umschreibung, der doch der Ruch eines Allgemeinplatzes anhaftet, auf seine Stadt tatsächlich zuzutreffen scheint.

»Havanna? Ich weiß nicht, ob die Stadt wirklich existiert. Sie ist vor allem ein Seelenzustand«, sagt der Regisseur Enrique Pineda Barnet.

Andere drücken sich weniger romantisch aus: »Havanna kommt mir vor wie eine zu stark geschminkte Frau«, meint der Choreograf Ramiro Guerra, Begründer des zeitgenössischen Tanzes auf Kuba und eingefleischter Habanero. »Wie eine Frau, über die man sagt, dass sie zwar nicht schön sei, aber interessant.« Doch letztlich klingt selbst Kritik an der Hauptstadt aus dem Mund eines Kubaners wie eine kleine Liebeserklärung. Die mühsame, beschwerliche Gangart einer sozialistischen Metropole nimmt man hier mit einem Seufzer hin, in dem der Stoizismus eines Volkes mitschwingt, das gelernt hat, mit Schwierigkeiten zu leben: »*No es fácil* – leicht ist es nicht, das Leben.« Aber wenn diese Erkenntnis irgendwo auf der Welt zu einer kreativen Grundstimmung stilisiert wurde, dann in Havanna.

Kubanische Anekdoten

Die kubanischen Widersprüche durchschneiden Raum und Zeit und führen zu ganz neuen Wirklichkeiten, die in keiner Stadt so bunte Blüten treiben wie in Havanna. So förderte zum Beispiel die kubanische Revolution den agro-industriellen Fortschritt. Doch heute pflanzen hoch qualifizierte Arbeiter in den Hinterhöfen der Hauptstadt wieder Gemüse an oder halten sich Schweine und Hühner. Denn die staatlichen Betriebe zahlen in kubanischen Pesos, zum Leben brauchen die Kubaner jedoch Devisen. Die Bewohner der Metropole versuchen, auf die Widersprüche der Gegenwart mit einer Haltung zu antworten, die schon immer ihre Stärke war: Sie verlassen sich auf ihren Erfindungsreichtum, bei dem sie aus dem Fundus einer jahrhundertealten Kulturgeschichte schöpfen können. Es ist alles noch vorhanden! Paläste, Musik, Theater, Religionen und große Namen. Entweder lässt es sich in irgendeiner Form noch zum Leben gebrauchen, oder es wird in einer dunklen, staubigen Nische der Geschichte abgelagert, wo es allmählich in Vergessenheit gerät.

Havanna ist die Stadt der Paläste und Wäscheleinen, der Jungfrau Maria und afrikanischen Heiligen, der nationalen Denkmäler und volkstümlichen Helden, der Künstler und Sonderlinge, der geschliffenen Pointen und der deftigen Zoten, der großen Geschichte und der kleinen Geschichten. Es ist ein historistisches Wohnzimmer mit Zwischendecke und Alkoven, in dem unbekümmert und ehrfurchtslos Stilmöbel und Selbstgebasteltes nebeneinander platziert werden! Eine

Stadt der Wunder, in der sich Wirklichkeit zu Poesie verdichten kann. Wo sonst lässt sich eine solche Szene erzählen:

Ein Arzt wird nachts ins Haus einer Gebärenden gerufen. Als der Morgen graut, bringt sie ein gesundes Kind zur Welt. Die Mutter der Gebärenden bedankt sich überschwänglich bei dem Arzt, der ihrer Tochter die ganze Nacht über beigestanden hatte: »Als die Wehen einsetzten«, beichtet sie ihm erleichtert, »habe ich das Bild des allmächtigen Heiligen unter die Matratze meiner Tochter geschoben, damit er ihr helfe.« Die alte Mutter zieht das Bild des Heiligen unter der Matratze hervor, küsst es ehrfürchtig und wischt den Rahmen noch einmal sauber, bevor sie es wieder vorsichtig an seinen alten Platz ins Wohnzimmer hängt. Es ist ein Porträt des argentinischen Tangosängers Carlos Gardel.

Hätten Anekdoten Gewicht, müsste Havanna unter ihrer Last schon längst zusammengebrochen sein. Jedes Viertel kann Geschichten aus einer anderen Zeit erzählen.

Die Altstadt Habana Vieja durchziehen Erinnerungen an die frühen Siedlungstage, als dörfliche Neugier die fehlende Abwechslung in einem Inselleben hinter hohen Stadtmauern ersetzte. Pikante Gerüchte und harmlose Skandale füllten die Tage. In der Refugio-Straße soll der kubanische Gouverneur Ricafort bei einem Gewitter Zuflucht im Haus einer jungen Witwe gefunden haben, der er daraufhin gelegentlich einen Besuch abstattete. *Refugio* – Zuflucht oder Schutz fand Ricafort wohl vor dem Unwetter, nicht aber vor den Lästerzungen der Nachbarn, die meinten, dass die Besuche des Gouverneurs wohl mehr der Schönheit der jungen Witwe galten als ihrer guten Tat. Auch in der Calle de Damas, der Straße der Damen, scheinen die Frauen an Zahl und Schönheit überwältigend gewesen zu sein, hat sich doch die Erinnerung an sie im Straßennamen erhalten.

Später sprengte die Stadt die Enge ihrer hohen Schutzmauern. Das Stadtgeflüster wurde in den repräsentativen Parkanlagen und Flaniermeilen des Viertels Centro Habana fortgesetzt. Die Anekdoten kreisten zunehmend um kreolische Helden, allesamt kubanische Unabhängigkeitskämpfer, die ihr Leben geopfert hatten, um ihre Insel von der spanischen Herrschaft zu befreien. Ein Name war öfters zu hören als jeder andere: José Martí. Als dann der Traum von der Unabhängigkeit 1902 wahr wurde, änderten sich wieder die Modeviertel, und mit ihnen die Themen.

Die üppig ausgestatteten Villen des Stadtteils Vedado erzählen vom Glanz der fetten Jahre beim schwindelerregenden »Tanz der Millionen«, als Kubas Zuckerwirtschaft aufgrund des Zusammenbruchs der europäischen Rübenzuckerindustrie während des Ersten Weltkriegs ihren Höhepunkt erlebte. Der Preis für das Pfund Zucker stieg auf den internationalen Märkten von 1,9 auf 22,5 Cent an. Von ausgedehnten Reisen nach Europa brachten die Habaneros neue Impulse, Objekte und Ideen mit, die sie lustvoll kubanisierten. Neobarock, korinthische Säulen, italienische Renaissance und französisches Rokoko – nicht selten mischen sich Stilelemente unterschiedlicher Länder und Epochen auf den Hausfassaden aus dieser Zeit. Die Habaneros geizten nicht mit ihrem neuen Reichtum.

Am meisten haben vom wirtschaftlichen Aufschwung allerdings nicht die traditionellen, einheimischen Aristokraten profitiert, sondern die amerikanischen Investoren, die während der Kriege die wirtschaftlich zerstörten und brachliegenden Ländereien der Insel aufkauften und die neuen Herren im republikanischen Kuba wurden.

In die Viertel Biltmore und Country Club zog der *American way of life* ein. In den vornehmen Herrenhäusern und Clubanlagen wurde Gesellschaftstratsch vornehmlich in Englisch ausgetauscht. Das neue Selbstbewusstsein der reichen karibischen Metropole spiegelt sich auch in Miramar, wo Luxus nicht mehr verschwenderisch zur Schau gestellt wurde, sondern sich elegant in weitläufig angelegte tropische Gärten einfügte, die diskret die Geschichten über die dubiosen Karrieren jener Geschäftsmänner und Politiker verschlucken, über die ganz Havanna flüsterte.

Im Stadtteil Alamar verstummen diese Geschichten. Sie waren über Nacht veraltet. Alamar hat eigene, neue Helden. Denn die Kämpfer der Sierra Maestra haben mittlerweile Havanna erobert. Und wieder wurde im Zeichen einer neuen Zeit das Stadtbild erweitert. Doch während sich Havanna bislang in Richtung Westen ausdehnte, entschieden sich die neuen Baumeister nun für den Osten der Stadt.

Havannas Viertel unterscheiden sich also in Architektur und Alter. Doch nie überließ die Stadt die gestalterische Federführung über einen längeren Zeitraum hinweg den Ideologien und puritanischen Stilrichtungen. Irgendwann erfasste die rebellische, fantasievolle Dynamik Havannas auch die neuen Randbezirke und rückte sie, zumindest im spirituellen Sinn, ein wenig näher an den Stadtkern.

Havannas langer Arm ist der Malecón, die lang gestreckte Uferpromenade, an der sich die einzelnen Wohnviertel wie Perlen aneinanderreihen. In der Höhe der Altstadt leitet der Malecón durch den Tunnel unter der Hafeneinfahrt in die östlichen Viertel Havannas über. An seinem westlichen Ende führt ebenfalls ein Tunnel unter dem Almendares-Fluss in den Stadtteil Miramar.

Ein kurzer geschichtlicher Überblick

Wer das Glück hat, sich Havanna vom Meer aus zu nähern, erliegt auf den ersten Blick dem Zauber dieser Stadt, die sich in ihrer ganzen Pracht längs des Malecón erstreckt. Havanna erscheint inmitten eines Schaumteppichs, den die aufgewühlte und am Wall der Uferpromenade abprallende Brandung erzeugt. Seit Jahrhunderten übt der Anblick dieser Schönen, deren Umrisse langsam zwischen Himmel und Meer aufsteigen und sich dann immer klarer abzeichnen, auf Reisende die gleiche unveränderte Wirkung aus.

Kolumbus hat Kuba auf seiner ersten Reise in die Neue Welt bekanntlich eher zufällig entdeckt, als er den westlichen Seeweg nach Indien suchte. Zunächst hielt er Kuba für die sagenhafte Goldinsel Zipangu – das heutige Japan –, von der Marco Polo bei seiner Rückkehr aus Cathay, dem nördlichen China, sprach. Erst auf der zweiten Reise wurde ihm sein Irrtum bewusst, womit sich der Traum vom Eldorado wieder in weiter Ferne verlor. Doch trotz seiner Enttäuschung entging Kolumbus nicht die Schönheit der Insel, vor der er sich galant verbeugte: »Nie habe ich ein schöneres Land gesehen«, bezeugte er der Nachwelt.

Nach den Entdeckern und Eroberern kamen die Forscher. Alexander von Humboldt machte zweimal Station auf Kuba. Dank seiner umfangreichen Studien ging er als »zweiter Entdecker« in die Annalen des Landes ein.

Das heutige Havanna entstand im Jahr 1519 als letzte jener legendären sieben Städte, mit denen der spanische Konquistador Diego Velázquez die Siedlungspolitik auf der Insel einleitete. Bald löste Havanna Santiago de Cuba als Hauptstadt ab, und seitdem bestimmt sie die Geschicke der Insel. Allerdings sollte sie in ihrer Geschichte ein paar pechschwarze Nächte erleben wie jene, als ihr der Pirat Jacques de Sores seinen Besuch abstattete. Doch zu dieser Zeit war Havanna noch kein bedeutendes Handelszentrum, nur eine Versorgungsstation auf der Route der spanischen Entdecker und Eroberer. Es gab nichts zu holen. Und so verschwanden die Räuber, wie sie gekommen waren – mit leeren Händen. In ihrer Wut zündeten sie die Stadt an, die Holzhäuser Havannas verbrannten zu Asche. Und als immer häufiger von Havannas Reichtum die Rede war, davon, dass sich in der Hafenbucht die reich beladenen spanischen Silberflotten aus Nombre de Díos, Cartagena de Indias und San Juan de Ulúa sammelten, um im Verband den Atlantik zu überqueren, zogen die Gerüchte um die Schatzkammern der Stadt die Freibeuter und Piraten magnetisch an. Aber mittlerweile hatte sich Havanna auf sie vorbereitet und war mit drei Festungsanlagen und der meterdicken Stadtmauer uneinnehmbar. Begehrt und umworben von den großen europäischen Nationen, erlebte Kuba seine erste Blütezeit. Wer die Insel sein Eigen nennen konnte, kontrollierte den gesamten Handel in der Karibik.

Als die Engländer im Jahr 1762 Kuba schließlich besetzten, nahmen sie Havanna ein, ohne sich um den Rest der Insel zu kümmern. Denn Havanna war Kuba. Ein knappes Jahr später fiel die Stadt im Tausch mit Florida wieder an Spanien zurück. Doch die Monate der englischen Besatzung reichten aus, um aus Havanna einen blühenden Handelshafen zu machen. In der Bucht ankerten 1762 mehr Schiffe als in den vorangegangenen Jahrhunderten der spanischen Herrschaft. Da die Händler keine Lust mehr hatten, sich wieder an die kurze Leine des spanischen Handelsmonopols binden zu lassen, blühte der Schmuggel. Von Havanna aus wurden Zucker und Melasse an der spanischen Krone vorbei in die nahe gelegenen englischen Kolonien exportiert und im Gegenzug Fleisch, Hölzer, Leder und vor allem Sklaven importiert.

Havanna war der erste Schmelztiegel der Neuen Welt. Kreolen, englische Matrosen, spanische Händler und französische Prostituierte bevölkerten die Viertel um den Hafen. In der Bahía ankerten die Schiffe, die afrikanische Sklaven nach Kuba verfrachteten. Diese brachten ihre Götter mit, ihre Musik und ihre alten afrikanischen Sprachen. Und als später die

Sklaverei verboten wurde, gingen in Havannas Hafen erneut Scharen unfreiwilliger Emigranten an Land. 1837 ankerte die *Oquendo* mit zweihundertsechs chinesischen Vertragsarbeitern an Bord. Sie waren die ersten von über 100 000 verarmten chinesischen Landarbeitern aus der Provinz Kanton, die den Platz der befreiten afrikanischen Sklaven auf den Plantagenfeldern einnehmen sollten. Dann kamen Arbeiter aus Jamaika, Barbados und Haiti auf die Zuckerinsel. Sie waren *braceros,* Zuckerrohrschneider, die sich ins Heer der Landlosen einreihten.

Im 19. Jahrhundert zog der Ruf nach Unabhängigkeit vom lateinamerikanischen Festland über das Meer. Simón Bolívar, der Befreier Südamerikas, forderte die Unabhängigkeit Havannas. Er sagte Havanna und meinte Kuba. Havannas historische Präsenz überdeckte längst den Rest des Landes. Jetzt wurde die Stadt das Symbol für *Cuba libre.*

In zwei langen Kriegen konnte sich Kuba die Freiheit von Spanien erkämpfen und kam dennoch nicht in den Genuss eines Sieges. Denn die Vereinigten Staaten machten den spanisch-kubanischen Krieg im letzten Moment zur amerikanisch-spanischen Angelegenheit. Mit der Niederlage Spaniens fielen ihnen die Philippinen, Guam, Puerto Rico und – wie eine reife karibische Frucht – auch Kuba in den Schoß. Im Jahr 1898 übergab Spanien die Oberhoheit an die Regierung der Vereinigten Staaten. Schauplatz der Zeremonie war Havanna. Eine schöne, wirkungsvolle Geste vor der Weltöffentlichkeit, der nun wirkliche politische Taten folgen mussten. Kuba hatte zu viel gekämpft, um sich mit dem Status eines Anhängsels der USA zufriedenzugeben. Doch als das Land vier Jahre später eine eigene Verfassung erhielt, die ihm Unabhängigkeit garantierte, hatten die Vereinigten Staaten in einem Verfassungszusatz – dem berühmten »Platt Amendment« – endgültig und unmissverständlich die Grenzen kubanischer Souveränität festgelegt, die dort verliefen, wo sie mit nordamerikanischen Interessen kollidierten: Die USA hatten sich in der kubanischen Verfassung das Recht eingeräumt, in Krisenmomenten auf der Insel zu intervenieren. Ernüchternde Zukunftsaussichten für die Politik der jungen Republik, die zu diesem Zeitpunkt wirtschaftlich bereits dem Einfluss Nordamerikas erlegen war. Mit dem Ausverkauf der ländlichen Gebiete wurde, wie gesagt, während des Krieges begonnen, als sich nordamerikanische Gesellschaften die brachliegenden, hypothekenbelasteten und zerstörten Plantagen aneigneten.

Anfang des 20. Jahrhunderts lagen sechzig Prozent der landwirtschaftlichen Flächen in den Händen nordamerikanischer Investoren. Die kreolische Pflanzeraristokratie wich einer neuen Oberschicht aus Geschäftsleuten, Händlern und Spekulanten. Sie alle wohnten in der Hauptstadt und legten ihr Geld in Bereichen an, die Profit versprachen. Nichts davon floss in die ländlichen Gebiete ab. Die Entfernung zwischen Havanna und dem Rest des Landes wurde größer als je zuvor in der Geschichte Kubas. Havanna absorbierte das gesamte öffentliche Leben. Die kubanische Metropole war kosmopolitischer, wohlhabender und teurer als jede andere Stadt Lateinamerikas.

Nie waren das kulturelle Leben in der Stadt unterhaltsamer, die Fassaden prächtiger und die Politik korrupter. Die goldenen Jahre der Metropole bauten auf den jahrhundertealten Widersprüchen auf, die mit dem Wohlstand der Hauptstadt noch größer wurden. Kubas Tanz der Millionen endete als Tanz auf dem Vulkan, der sich nach dem Staatsstreich von Fulgencio Batista im Jahr 1952 schließlich in einem fulminanten Schlussakt entlud.

Unter Batista wurden Politik und Wirtschaft unberechenbar. Selbst der Mittelstand war von den sozialen und wirtschaftlichen Missständen betroffen. Die Korruption blühte noch unverfrorener als in der Vergangenheit. Batista machte es der italo-amerikanischen Mafia möglich, sich in Kuba zu etablieren. Er selbst bereicherte sich hemmungslos bei dem Deal und verzichtete sogar darauf, einen letzten Rest von Diskretion zu wahren. Kein Wunder, dass in der kubanischen Gesellschaft die Opposition gegen den Machthaber wuchs. Und nachdem Batistas Repressionsmaschinerie die mutigen Stimmen seiner Kritiker und Kontrahenten zum Verstummen gebracht hatte, konzentrierte sich die Hoffnung auf ein Grüppchen bärtiger Widerstandskämpfer, die in den Bergen der Sierra Maestra gemeinsam mit ihrem Kommandanten Fidel Castro dem Regime unbeirrt die Stirn boten. Bald erreichten außer Solidaritätsbekundungen auch Gelder die Rebellen. Die Unterstützung kam von den unterschiedlichsten Bevölkerungsgruppen, die in jenen Tagen die Opposition gegen Batista vereinte.

Mit dem Instinkt lateinamerikanischer Diktatoren spürte der Machthaber, dass seine Zeit abgelaufen war. Er hatte wenig Lust, gegen Rebellen zu kämpfen, denen die Sympathie des Volkes gehörte, und setzte sich lieber rechtzeitig mit der gefüllten Staatskasse ins Ausland ab.

Am 1. Januar 1959 begann auf Kuba eine neue Zeitzählung, Fidel Castro übernahm die Staatsgeschäfte. Die nächsten Jahre glichen einem Film, der zunächst im Zeitraffertempo ablief, allmählich an Geschwindigkeit verlor und schließlich nur noch in Zeitlupe wahrgenommen wurde. Was als romantische Volksbewegung begann, endete ernüchternd realpolitisch.

Der staatlichen Wirtschaft fehlten Investitionen. Die USA begannen bereits kurz nach Beginn der Revolution mit ihrer

Blockadepolitik. Parallel dazu näherte sich Kuba der Sowjetunion an und geriet in neue ideologische und wirtschaftliche Abhängigkeiten.

Zum ersten Mal in der Geschichte der Insel brachte die Revolution eine wirtschaftliche Entwicklung zugunsten der ländlichen Regionen in Gang, mit der Absicht, das Gleichgewicht zwischen der Hauptstadt und dem Rest des Landes wiederherzustellen. Die Regierung unter Castro wollte mit der Monokultur des Zuckerrohrs brechen, Kuba den Weg zur Industrienation ebnen. Doch im osteuropäischen COMECON, dem »Rat für gegenseitige Wirtschaftshilfe«, beschränkte sich Kubas Beitrag auch weiterhin auf seine historische Rolle als Zuckerlieferant.

Fortschritt und Stillstand – Kubas alten Widerspruch konnte auch das neue Regime nicht lösen. Zwar entstanden in Havanna zunächst die neuen Arbeiterwohnviertel im Osten der Stadt, weil dringend Wohnraum benötigt wurde. Doch dann ging der Revolution der Atem aus. Für neue Bauprojekte fehlten schlichtweg Geld und Materialien. Dabei standen bereits Anfang der Sechzigerjahre dringende Sanierungsarbeiten an.

Der historische Stadtkern war das Sorgenkind der Stadtplaner, seit die reiche Zuckeraristokratie mit dem zu Ende gehenden 19. Jahrhundert die Altstadt verlassen hatte. Zurück ließ sie ihre Paläste, die nach den Jahrhunderten der eleganten Feste und aristokratischen Gäste nun weitaus bescheideneren Zeiten entgegensahen. Räume, die sich früher in vornehme Stille und gedämpftes Halbdunkel hüllen konnten, füllten sich plötzlich mit dem geschäftigen und lauten Treiben ihrer neuen Bewohner. Die Betriebsamkeit des nahe gelegenen Hafens prallte nicht länger an den dicken Außenmauern der Wohnpaläste ab, sondern drang durch die mächtigen Portale in die Häuser ein. In die oberen Etagen der ausgedienten Paläste zogen Dutzende von Familien ein und teilten sich durch Zwischendecken gewonnene Stockwerke und die Gemeinschaftsbäder in den Hinterhöfen. Aus Palästen wurden nachbarschaftliche Wohngemeinschaften. Hinter Fassaden, die einst kolonialen Lebensstil widerspiegelten, türmten sich hygienische und soziale Probleme als Folge einer vernachlässigten Wohnungsbaupolitik. Die Gebäude blieben auch nach dem Auszug ihrer aristokratischen Besitzer voller Leben, aber nichts wurde unternommen, um sie zu erhalten. Man spekulierte lieber mit dem Abriss des ganzen Viertels, weil sich dadurch Platz für lukrativere Projekte schaffen ließ. Erst als die UNESCO den historischen Stadtkern 1981 zum Kulturerbe der Menschheit erhob, besann man sich des vergessenen Viertels. Doch allzu viele Häuser fielen jetzt unter die Kategorie C des Altstadt-Sanierungsplans: »C« – das heißt Häuser mit höchster Einsturzgefahr. Für einige kulturgeschichtliche Juwelen kommt jede Hilfe zu spät. So stehen zum Beispiel von jenem Haus, in dem Gonzalo Roig – einer der drei großen kubanischen Komponisten des 20. Jahrhunderts – lebte und *Cecilia Valdés*, seine berühmte, operettenähnliche Zarzuela, schrieb, nur noch die Ruinen. Seine Partituren konnten gerettet werden. Sein Piano wurde unter dem Schutt begraben.

In der Blütezeit der Revolution stand Havanna nicht im Mittelpunkt der Politik. Die Stadt hatte ihr Comeback erst, als die Insel mit dem Zusammenbruch der Sowjetunion Handelspartner verlor, die ihr die Abnahme des Zuckers garantierten. Castro verhängte den »Ausnahmezustand in Friedenszeiten«, mit dem er den wirtschaftlichen Bankrott des Landes ideologisch in Worte verpackte. Es war sein Appell an die Kubaner, in schwierigen Zeiten durchzuhalten. Für die Habaneros hieß das, sich weiterhin darin zu üben, worin sie erwiesenermaßen Meister sind: in der Kunst der Improvisation.

In den ersten drei Jahrzehnten der kubanischen Revolution

überdeckte das exzessive, vergnügungssüchtige Bild des vorrevolutionären Havanna alles andere. Doch mit Beginn des »Ausnahmezustandes in Friedenszeiten« kam Havannas zerbröckelnder Charme wieder in Mode. Für Devisen bringende Touristen darf die alternde Schöne ihre glitzernden Accessoires aus der vorrevolutionären Ära entstauben.

Straßen, Plätze, Häuser, Bars und Kneipen werden zu Wegweisern in eine Welt, in der aus Begegnungen Legenden und aus den Orten solcher Begegnungen Kultstätten wurden.

Schauspieler, Stars, Schriftsteller – alle waren sie hier. Frank Sinatra, Ava Gardner, Marlene Dietrich. Und immer wieder Hemingway. In den Klatschspalten der internationalen Boulevardblätter tauchte täglich der neueste Tratsch aus der kubanischen Hauptstadt auf. Wer nicht in Havanna gesichtet wurde, war passé.

Wenn La Habana heute die Vergangenheit verlockend im Gewand der Nostalgie präsentiert, wenn die sehnsüchtigen Klänge eines *filin*, dieser unvergleichlichen Mischung aus Trova, Bolero und Jazz, aus offenen Fenstern auf die Straße dringen, wenn in den Foyers der ältesten Hotels der Stadt ein Hauch von Glamour die Gegenwart streift und aus den großen Holzportalen kolonialer Paläste der dunkle Duft jahrhunderteschwerer Feuchtigkeit strömt, erliegen die Reisenden den sinnlichen Berührungen jener anderen Zeit, die in Havanna noch immer greifbar zu sein scheint.

Hemingway, das Meer und die Freiheit

Barbara Schwarzwälder

Von San Francisco de Paula ist es kaum eine halbe Stunde Autofahrt bis nach Cojímar, dem Fischerort bei Havanna, in dem Hemingway seine zweite Heimat auf Kuba fand. Dort lag die Jacht *Pilar* vor Anker und wartete wie eine treue Geliebte auf seine Besuche. Man versteht schnell, was Hemingway so anzog an diesem Ort. Die Luft riecht nach dem Meer, auf das die ruhigen Häuser von Cojímar schauen. Damals war die blaue Bucht so paradiesisch, erzählen die Einheimischen, dass ein Fischer morgens nur seine Angel ins Wasser hängen musste, um nach kurzer Zeit einen Sack voller Fische zu haben.

Der Malecón, die Hafenpromenade, führt von dem neueren Teil des Ortes bis an die Festung und dann weiter in Richtung Norden, dorthin, wo das offene Meer vor dem Spaziergänger liegt. Hier treffen sich die Ortsansässigen am Nachmittag, wenn die Sonne sich dem Horizont nähert und die Hitze langsam nachlässt. Sie stellen Tische auf, um Domino zu spielen, und setzen sich auf die Mauer mit einer Flasche Rum, den Blick auf die Leute gerichtet, die an der Promenade spazieren gehen.

Hemingways Besuche in Cojímar begannen 1928, als er entdeckte, dass er hier einer seiner Lieblingsbeschäftigungen nachgehen konnte: dem Hochseefischen. Er freundete sich mit der gesamten Innung von Cojímar an, allen voran mit Gregorio Fuentes, der damit zur bekanntesten Persönlichkeit im Ort wurde. Der Amerikaner ging hier dem exzentrischsten seiner Abenteuer nach: Zusammen mit Gregorio verwandelte er die *Pilar* im Jahr 1941 in eine Kriegsjacht mit Maschinengewehren und Panzerfäusten, um in den karibischen Gewässern nach deutschen U-Booten zu fahnden, die anscheinend an den Küsten in der Region immer wieder haltmachten, um zu tanken. Gregorio war noch mit 104 Jahren anscheinend so fit, dass er manchmal sogar für einige Dollars aus dem Nähkästchen seiner Erinnerungen plauderte.

Im Jahr 1950 versuchte Hemingway, die harschen Kritiken zu vergessen, die seine letzten Werke geerntet hatten. Weihnachten feierte er trotz allem in einer euphorischen Stimmung. Er beschloss, eine Geschichte zu erzählen, die ihm viele Jahre zuvor, 1935, ein Kubaner geschildert hatte: die des alten Fischers, der den größten Fisch seines Lebens fängt, dann aber von Haifischen attackiert wird. Der alte Mann rettet sein Leben, kann aber von seinem Fang nur noch die Gräte zeigen. Hemingway schrieb *Der alte Mann und das Meer* schnell, im Frühjahr 1951 war das Manuskript fertig, und Hemingways Freunde waren begeistert. Der Roman wurde sofort zum Erfolg, und dank der Cojímar-Story bekam Hemingway erst den Pulitzerpreis, den er selbst immer als Pullover-Preis verspottet hatte, und dann den Literaturnobelpreis.

Cojímar hat den Charakter eines kleinen, abgelegenen Fischerortes beibehalten. »Wir leben hier in einem Dorf, das ein sehr reiches Eigenleben hat und zwei große Vorteile: Du bist nur eine Viertelstunde von Havanna entfernt, kannst aber gleichzeitig ein ruhiges Dorfleben führen«, sagt Arturo Arango. Der Schriftsteller lebt seit 1984 in Cojímar, in einem schönen Haus mit großem Garten, das er damals, als der kubanische Staat eine Zeit lang Immobilienhandel gestattete, kaufen konnte. »Das Haus stammt aus den Zwanzigerjahren, und es war so richtig heruntergekommen: Drei alte Männer lebten dort mit sechsunddreißig Katzen und sieben Hunden, da kann man sich vorstellen, wie das aussah«, erzählt der Schriftsteller, wippt weiter langsam auf seinem weißen Schaukelstuhl auf der Veranda vor dem Haus, schildert die Arbeit, die es gekostet hat, es zu reparieren. Die Fliesen auf dem Boden, hier mit altrosa Blumen, könnten auch in einer spanischen Stadt zu finden sein. In dem Garten laufen Eidechsen zwischen Hibiskuspflanzen hin und her, davor blühen eine Hortensie und ein groß gewachsener Weihnachtsstern. Vor dem Gartenzaun einige *palmas reales* und auch eine große Pappel. Arturo Arango lobt weiter die Vorzüge seines Cojímar: »Hier ist das Verhältnis unter Nachbarn noch viel familiärer als in Havanna, und das ist sehr angenehm. Und die Kinder können immer auf der Straße spielen, denn es gibt keinen Verkehr.«

Kommt Arango aus Havanna zurück, oder hat er sein Tagessoll geschrieben, so spaziert er durch Cojímar. An der Straße, die von seinem Haus aus in Richtung Zentrum führt, sind in den letzten Jahren viele Häuser an Künstler und Schriftsteller verteilt worden. Wir gehen weiter die Straße hinunter, Arango zeigt auf einen schönen Bungalow: »Dort lebt der Fotograf Raúl Corral, der mit seinen Fotos der Revolution berühmt wurde und auch viele der Hemingway-Fotos machte, die überall zu sehen sind – zum Beispiel hier«, sagt er und stößt eine Tür auf. Wir stehen in der Terraza, das war Hemingways Lieblingsrestaurant in Cojímar. »Das erste Mal, als ich nach Cojímar kam, sah es schlimm aus hier, die Stühle waren kaputt, es gab weder Tischdecken noch sonst etwas, aber das Essen war wunderbar«, erzählt der Schriftsteller. »Dann wurde es restauriert, ganz schrecklich, und erst vor Kurzem haben sie es wieder so eingerichtet, wie es früher war«, fügt er hinzu. Das Essen schmeckt auch heute noch in der Terraza, einem der Lokale, die aus der Erinnerung an Hemingway ein Geschäft gemacht haben. Schließlich ist es auch ein Traum für jeden Hemingway-Nostalgiker. An allen Wänden Hemingway-Fotos: er beim Fischen; er auf seiner *Pilar;* er zieht einen großen Fisch aus dem Wasser; Ernest und Gregorio; Ernest und Fidel. Vom Esszimmer aus der weite und offene Blick auf die Bucht. Kein Wunder, dass Hemingway gerne hier speiste. Damals war die Terraza ein heruntergekommener Laden, vor dessen Tür die Fischerfamilien frittierten Fisch und Bier verkauften. Zum Terraza ging man eigentlich, um zu trinken oder sich zu betrinken.

Arturo Arango geht, sooft er kann, bis zum Malecón, um das Meer zu sehen: »Ich brauche die Nähe zum Meer wahrscheinlich auch, weil ich in Matanzas, das liegt am Meer, geboren wurde. Wenn ich im Landesinneren bin, fühle ich mich wie eingesperrt. Das Meer ist suggestiv, es gibt mir ein Gefühl der Freiheit«, sagt er.

Das Gefühl der Freiheit, das viele im Sommer 1994 in Cojímar suchten. Arango wurde, wie alle im Ort, Zeuge der *Crisis de los balseros,* der Krise derer, die mit selbst gebauten Flößen übers Meer flüchten wollten. Es war der Höhepunkt der Wirtschaftskrise, die begann, als die UdSSR verschwand und mit ihr die größte Einkunftsquelle der kubanischen Wirtschaft. Es gab keine Arbeit und nichts zu essen. Der Hunger verschonte kaum einen auf der Insel, vor allem in der Hauptstadt herrschte jahrelang Not. Die Regierung musste Freiräume dulden, damit die Leute wenigstens das Gefühl verspürten, etwas zu tun, um ihre Lage zu verbessern, und so durften Bauern einen Teil ihrer Ernte frei verkaufen, und es wurde auch gestattet, Dollars zu besitzen. Im Sommer 1994 erlaubte die kubanische Regierung Ausreisen über das Meer, und das nahmen Hunderte Menschen beim Wort. Viele reisten über Cojímar aus, erzählt Arango: »Am Malecón waren Hunderte von Menschen, viele bauten ihre Flöße, um die Insel zu verlassen. Viele andere warteten auf den ›Messias‹, denn es war das Gerücht im Umlauf, dass die USA Boote schicken würden, um die Kubaner von der Insel abzuholen.«

Es klingt dramatisch und ist schwer vorstellbar, jetzt, wo der Malecón in aller Ruhe unter der Sonne daliegt, das Meer ruhig und vor allem ohne ein einziges Schiff am Horizont. »Es war wie ein Fieber: Die Ortsansässigen bauten Katamarane, um sie zu verkaufen. Meine Nachbarn auch, sie bauten tagelang an einem Floß, und ich wunderte mich, bis ich merkte, dass sie immer wieder neue bauten, um sie zu verkaufen«, erzählt der Schriftsteller. »Es gab hier zwei Arten von Publikum: die, die fliehen wollten, und jene, die ihnen Sachen verkauften oder ihnen zuschauten.« Ein regelrechter Schwarzmarkt spielte sich hier unter freiem Himmel ab. Ein Kompass kostete zehn Dollar, ein Ruder fünf, die Fahrt Hunderte von Dollars. Die Leute aus Cojímar, oft erfahrene Fischer, schlossen Wetten ab. »Es war zwar ein Drama, aber lustig, den Besserwissern zuzuhören, die beschlossen, wer es schaffen würde und wer nicht«, sagt Arango.

Die Krise der *balseros* spielte sich bei dem spanischen Festungsturm ab, der seit 1649 den Grundstein von Cojímar bildet. Die ersten Häuser waren die der Militärs, die den Turm bauten, mit dem Havannas Osten gegen Piraten und die Feinde des spanischen Königreiches verteidigt werden sollte. Davor steht das Hemingway-Monument, das Cojímars Fischer dem Schriftsteller nach seinem Tod widmeten. Sie spendeten Schiffsschrauben, und aus der Bronze wurde die Büste gegossen. Seit 1962 schaut der metallene Hemingway mit einem sanften Lächeln auf die Bucht, wahrscheinlich die erste Büste, die ihm nach seinem Tod gewidmet wurde. Nur das Geburtsdatum, das auf der Tafel steht, 1898, stimmt nicht ganz, da Hemingway 1899 geboren wurde.

Kubas Rhythmen

Arne Birkenstock und Eduardo Blumenstock

Musik liegt in Kuba fast rund um die Uhr in der Luft. »Mit unserer Musik haben wir Kubaner mehr Träume und Genüsse exportiert als mit unserem Tabak, mehr Süße und Energie als mit unserem Zucker. Die afrokubanische Musik ist Feuer, Geschmack und Rauch in einem; sie ist Honig, Lebenselixier und Halt. Sie lässt sich genießen wie edler Rum, der mit den Ohren getrunken wird und es schafft, die Leute miteinander zu vereinen. Alle Sinne werden zum Leben erweckt«, sagte einmal der bekannte kubanische Essayist und Musikwissenschaftler Fernando Ortíz. Musik ist für Kubaner ein Ventil, aber auch Lebensfreude und Vitalität.

Sandunga – so heißt auf Kuba die würzige Mischung aus spanischen Gitarren und afrikanischen Trommeln. Das afrikanische Wort soll sich aus »sa«, der andalusischen Bezeichnung für ein Salzfässchen, und »ndunga«, dem Namen für den schwarzen afrikanischen Pfeffer, zusammensetzen. Fernando Ortíz nannte sie eine »Liebesgeschichte zwischen afrikanischen Trommeln und spanischen Gitarren, als lebendes Beispiel für interkulturelle Besamung«.

Die beiden Partner, die auf Kuba zur »interkulturellen Besamung« zusammenfanden, hätten unterschiedlicher nicht sein können, aber ergänzten sich in musikalischer Hinsicht prächtig: In Sachen Rhythmus war die europäische Musik weit hinter der afrikanischen zurück, bei Melodie, Harmonik und Kompositionstechnik war es umgekehrt. Die Elemente der verschiedenen Kulturen, die aufeinandertrafen, verschmolzen im Laufe des 18. Jahrhunderts zur heutigen kubanischen Musik.

Der afrikanischstämmige Bevölkerungsanteil stieg schnell an, denn die großen Plantagen konnten ohne die Sklaven nicht bewirtschaftet werden. Die Menschen wurden aus unterschiedlichen afrikanischen Regionen nach Amerika verschleppt, Religion und Kultur der einzelnen Gruppen waren ebenfalls unterschiedlich. Viele Riten und Gebräuche gingen auch auf dem Weg nach Amerika unwiederbringlich verloren, schließlich wurden die Afrikaner entwurzelt und in eine von Weißen dominierte Welt verschleppt. Dies führte dazu, dass afrikanische Traditionen und kulturelle Ausdrucksweisen nicht in Reinform weiterbestehen konnten. Die Afrikaner und ihre Nachkommen trugen vielmehr zu einer Herausbildung spezifischer amerikanischer Kulturen bei.

Auf den Zuckerrohr- und Kaffeeplantagen verschmolzen mit der Zeit europäische und afrikanische Riten und Gesänge. In den Städten gab es zwar weniger Sklaven, hier fanden sie aber mehr kulturelle Ausdrucksmöglichkeiten als auf den Plantagen, beispielsweise in Kirchenchören. Auch veranstalteten Sklaven und ihre Nachfahren öffentliche Tanzveranstaltungen, die von der Obrigkeit zunächst als heidnisch abgelehnt wurden. Die Musiker aber wurden bei Beerdigungen und Fronleichnamsprozessionen eingesetzt. Auch die Plantagenbesitzer ließen ihre Sklaven gerne musizieren, und sei es, um Besuchern die Tänze der »Wilden« zu demonstrieren. So lernten die Sklaven europäische Tänze, Lieder und Instrumente kennen, die sie in ihre Musik integrierten. Die Afrikaner kommunizierten untereinander in der Sprache ihrer Herren, da sie selbst aus verschiedenen Sprachfamilien kamen. So flossen spanische Romanzen, Lieder und Geschichten in ihre Musikkultur ein.

Auch die Religionen der Afrikaner vermischten sich mit dem Christentum der weißen herrschenden Gesellschaft. Daraus entstanden typisch afroamerikanische Gebräuche wie die Santería, von der ein starker Einfluss auf die Musik Kubas ausging. Die Trommeln waren der Santería heilig. Man glaubte, dass ihr Spiel magische Kräfte verleihen und Ordnung herstellen, Bitten erfüllen, Reichtum bringen, Unheil abwenden oder prophezeien konnte. Jeder Gott hatte sein eigenes Lied und seinen eigenen Tanz.

Im Verlauf der Kolonialzeit kamen viele spanische Migranten in den Osten Kubas, die die Tradition des Bänkelgesangs mitbrachten. Die Sklaven nahmen diese alten Weisen in ihr Repertoire auf und veränderten sie mit ihren Rhythmen. Aber auch die eingewanderten spanischen Bauern hatten großen Anteil an der weiteren Entwicklung der kubanischen Musik. Aus dieser ländlichen Musik *(música campesina)* Kubas entstanden viele Rhythmen, die später weltweit populär wurden.

Die Königin der *música campesina* ist Celina González. Einige ihrer frühen Texte zeugen von ihrem Interesse für die Santería-Kulte der Afrokubaner. In ihrem Lied *Santa Barbara* begreift sie den Synkretismus der Santería als Teil der kubanischen Identität und besingt die katholische Heilige, die mit dem Yoruba-Gott identifiziert wird. Die alte kubanische Musik, die Celina González so erfolgreich wiederbelebt hat, bekam entscheidende Impulse im 19. Jahrhundert, nachdem auf der Nachbarinsel 1804 von Sklaven die Republik Haiti ausgerufen worden war. Viele reiche Franzosen flohen vor ihren rebellierenden Sklaven nach Kuba, und die kubanische Bourgeoisie nahm die französischen Lieder und Tänze mit Freuden auf. In Havanna hatte sich schon während der Besetzung durch die Engländer (1762) der englische *country dance* verbreitet, in Santiago de Cuba hielt nun die französische Variante des Kontertanzes Einzug und sollte die kubanische Musik nachhaltig beeinflussen.

Erster musikalischer Exportschlager Kubas war die Habanera, die sowohl die klassische Musik als auch die Volksmusik Spaniens und Lateinamerikas prägte. Aufgrund des regen Austausches zwischen Kolonie und Mutterland wurde die Habanera um 1850 durch das Volkstheater in ganz Spanien populär. Wichtigster Vorläufer für die Habanera als Liedform war das alte kubanische Lied, die *vieja trova.* Die ursprüngliche *vieja trova* war von Elementen aus italienischen Opern und französischen Romanzen geprägt, im Zuge der Unabhängigkeitskriege von Spanien ab 1893 wurden die Texte jedoch immer kubanischer.

Wer alter und neuer kubanischer Musik lauschen möchte, ist in den *casas de la trova* bestens aufgehoben. Hier erklingen die Stimmen der *trovadores* (Troubadoure), Profis und Laien, die ihre Lieder und Balladen vortragen. Die *casas de la trova* gibt es in fast jeder kubanischen Stadt, und neben einzelnen Sängern treten auch Sextette und Septette auf, die Son spielen, jenen Stil also, der durch Buena Vista Social Club weltweit bekannt wurde. Ein Heiligtum ist die *casa de la trova* von Santiago de Cuba. Dieses berühmteste aller Gesangshäuser ist ein schlichter Raum mit großen Fenstern und einer kleinen Bühne, auf der am Wochenende fast durchgehend musiziert wird.

Die Rumba entstand um 1880, kurz nach der Abschaffung der Sklaverei. Das formale Verbot von Sklavenhandel und Sklavenhaltung brachte den Schwarzen zunächst wenig. Sie waren zwar frei, hatten aber weder Arbeit noch ein Dach über dem Kopf. Viele von ihnen zogen von den Plantagen in die Stadt, wo sie sich in den Massenquartieren der Slums sammelten. Die Musikinstrumente dieser besitzlosen Menschen waren Alltagsgegenstände: kleine Holzstäbchen, Löffel, leere Kommoden und improvisierte Klangkörper wie Fischkisten – die *cajones*. Genau genommen ist die Rumba ein Oberbegriff für verschiedene Rhythmen und steht musikalisch deutlich in der Tradition Afrikas, da der Gesang nur von Perkussionsinstrumenten begleitet wird. Bedeutend für die spätere Musik, auch für die Salsa, sind die *claves*, die den Schlüssel der Rhythmen liefern. Die Texte der Rumba haben auch die Funktion sozialer Chroniken übernommen und sind diesbezüglich mit dem heute verbreiteten Rap vergleichbar. Später wurde die Rumba kommerzialisiert und den Gewohnheiten europäischer und nordamerikanischer Ohren angepasst. Große Orchester wie die Lecuona Cuban Boys brachten sie nach Europa, wo sie immensen Erfolg hatte und zu einem der beliebtesten Tänze europäischer Ballhäuser wurde.

Der heutige Exportschlager Kubas, der Son, geht auf den Danzón zurück, den man als ersten kubanischen Nationaltanz ansehen kann und in dessen würdevollen Tanzschritten man deutlich das Erbe des europäischen Kontertanzes sieht. Als Modetanz hatte dieser zwar eine geringe Lebensdauer, doch er beeinflusste nachhaltig die ihm folgenden Tänze und Rhythmen – so auch den Son, das Paradebeispiel für die Integration afrikanischer und spanischer Elemente in der kubanischen Populärmusik.

Der Son entstand in ländlichen Gebirgsgegenden wie Barbacoa, Guantánamo und Manzanillo sowie in den Vororten von Santiago de Cuba. In den Bergen lagen die kleinen Höfe weit auseinander, und die Feste dienten dazu, die isoliert voneinander lebenden Bergbauern zusammenzubringen. Im Son verschmolzen spanische Gitarre, afrikanische Trommeln und die indianischen Maracas, die »singenden Früchte«, die fast das einzige Erbe der Ureinwohner sind. Zum Gesang wurde auch getanzt, aber anders als in den europäisch dominierten Ballsälen oder in den Baracken der Sklaven: Musik und Tanz verschmolzen im Son zu etwas Eigenständigem und Neuem.

Kaum hatte der Son seine endgültige Form angenommen, erreichte er auch schon die Straßen des Stadtzentrums von Santiago de Cuba, und von da aus Anfang des 20. Jahrhunderts Havanna. In den Zwanzigerjahren sorgten dann zahllose Son-Ensembles in der Hauptstadt für Furore. Eines der bekanntesten wurde das Sexteto Habanero. Es prägte mit seinen ersten Schellackplatten den typischen Stil des kubanischen Son mit dem konstanten Schrappen der Gitarre oder dem Rasseln der Maracas. Mit dem großen Erfolg des Sexteto Habanero kam es zu einem Boom, und die Zahl der Son-Ensembles wuchs sprunghaft an. Die meisten Musiker dieser Gruppen konnten keine Noten lesen und erhielten nie eine »ordentliche« musikalische Ausbildung. 1928 brachte Moisés Simón den berühmten Son-Pregón *El Manicero* (»Der Erdnussverkäufer«) heraus. Der Son-Pregón ist eine Variante des Son, die sich aus den Melodien der Marktschreier und Straßenhändler entwickelt hat, die ihre Ware anpriesen, indem sie umgedichtete Lieder zu bekannten Melodien sangen.

El Manicero wurde durch die Sängerin und Pianistin Rita Montaner weltberühmt. Als sie 1928 nach Europa reiste, um bei einer Revue von Josephine Baker mitzuwirken, hatte sie viele in Europa bis dahin unbekannte kubanische Rhythmen und Lieder im Gepäck. Sie öffnete die Türen für Rumbas, Danzónes und Sones. Eine ganz herausragende Stellung unter den Interpreten des Son Cubano hatte auch das Trío Matamoros. Das Trio aus dem Osten der Insel wurde mit seinen dreistimmigen Gesängen berühmt. Miguel Matamoros, der Leiter und Gründer der Gruppe, schrieb viele der Sones, die zum Repertoire des in den letzten Jahren bei uns so bekannten Ensembles Buena Vista Social Club gehörten. Dass sie auf ihre alten Tage noch einen Grammy gewinnen würden, damit hatten die älteren Herrschaften wohl selbst am wenigsten gerechnet. Der Sänger Ibrahim Ferrer etwa konnte schon seit Jahrzehnten nicht mehr von seiner Musik leben, weil sie längst aus der Mode gekommen war, und verdingte sich als Schuhputzer.

Für die ersten entscheidenden Schritte des Son in Richtung der Salsa, wie wir sie heute kennen, ist Arsenio Rodríguez verantwortlich. Er hatte den Spitznamen *cieguito maravilloso* (wunderbarer Blinder), weil er durch einen Eselstritt schon als Kind sein Augenlicht verloren hatte und wunderbar die *tres* spielte, die dreisaitige kubanische Gitarre. 1940 erweiterte er sein traditionell besetztes Son-Septett um ein Klavier und vier Trompeten, was die harmonischen Möglichkeiten des Son enorm steigerte. Mit dieser neuen Son-Besetzung war Rodríguez stilbildend, zahlreiche Musiker machten es ihm nach, und aus den überschaubaren Gruppen entstanden immer größere Orchester. Seine Arrangements machte er in den beiden großen Kabaretts Tropical und Tropicana berühmt.

Kuba wurde ab den Dreißigerjahren zum Ferienparadies für wohlhabende US-Amerikaner, deren Dollars die Kabaretts in Havanna wie Pilze aus dem Boden schießen ließen. Heute sind die luxuriösen Vergnügungspaläste verschwunden. Die wichtigsten dieser Kabaretts waren damals fest in nordamerikanischer Hand. Wie in den USA herrschte auch auf Kuba strikte Rassentrennung: Die eleganten Kabaretts blieben den Weißen vorbehalten, Farbige durften sie nur durch den Personaleingang betreten. Die Vierziger- und Fünfzigerjahre waren nicht nur die erste Hochphase des Latinjazz, in dieser Zeit entstanden auch zwei weitere musikalische Exportschlager der Karibikinsel: der Mambo und der Chachachá. Der Begriff Mambo war erstmals 1931 als Titel eines Stückes von Oreste López aufgetaucht. In dieser Zeit nahmen immer mehr Radiostationen ihren Betrieb auf, und in einer Sendung stellte Oreste López ein neues Stück vor, in dem er seine Musiker während eines Breaks, bevor das Klavier einstieg, viermal »Mambo« rufen ließ. Der Mambo war geboren. Doch erst drei Jahre später wurde dieses Stück auf eine Schallplatte gepresst, und erst danach wurde es von anderen Musikern als neuer Rhythmus ernst genommen. Zum endgültigen Durchbruch kam der Mambo dann durch den Pianisten und Orchesterchef Damaso Pérez Prado. Er gründete in Mexiko ein lateinamerikanisches Ensemble, mit dem er weitere Elemente des Jazz in seine Danzón-Variante integrierte und das Ganze dann »Mambo« taufte. Nach dem Triumph von Pérez Prado kehrte einer der Sänger aus dem Orchester des Mambo-Königs von Mexiko nach Kuba zurück und entwickelte sich hier nach Meinung vieler Kubaner zum größten Sänger aller Zeiten: Benny Moré hatte seine Karriere auf den Zuckerrohrplantagen von Cienfuegos begonnen, und das Zuckerrohr sowie das Produkt, das man daraus herstellte, sollte ihm zum Schicksal werden: Die Werbemusik für Bacardí machte ihn reich, der übermäßige Konsum von Rum brachte ihn um. Er starb 1963 im Alter von vierundvierzig Jahren. Anfang der Fünfzigerjahre gründete er sein eigenes Orchester. Benny Moré nahm mit seiner Banda Gigante de Benny Moré zahlreiche Platten auf und unternahm viele Tourneen ins Ausland. Der Mann mit dem Spitznamen *bárbaro del ritmo* (Rhythmusbarbar) steht heute für einen der geachtetsten Musiker Kubas.

Während Benny Morés Lieder aus den Juke-Boxes von Havanna schallten, verkam Kuba immer mehr zu einer gigantischen Spielhölle und zu einem großen Bordell für Touristen, vor allem aus den USA. Allein in Havanna gingen über 20 000 Frauen der Prostitution nach. Die US-Amerikaner hatten die Insel so fest im Griff, dass sie selbst Diktator Batista aufgrund seiner Hautfarbe den Zutritt zum amerikanischen Jachtclub verweigern konnten. Für die Musiker der Insel waren diese Jahre eine Blütezeit, denn an jeder Ecke von Havanna gab es Nachtclubs und Kabaretts und damit Auftrittsmöglichkeiten. In dieser Zeit entstand auch der Chachachá. *La Engañadora* (Die Betrügerin; 1951) war das erste Lied dieses Genres. Es stammt aus der Feder des Geigers und Komponisten Enrique Jorrín. Der Legende nach wurde Enrique Jorrín von einem Mädchen zum ersten Chachachá inspiriert, das das Lokal als weiß gekleidetes Mauerblümchen betrat, kurz im Bad verschwand und als aufgetakelte Schönheit in den Tanzsaal zurückkehrte. Jorrín trat mit seinem Orquesta América regelmäßig im Salón Prado y Neptuno auf und war von Oreste López' Stil beeinflusst. Um diesen Stil weiterzuentwickeln, verkürzte er die Einleitungen, um den Gesang hervorzuheben, und beschleunigte den Schlusspart – ein neues Genre war kreiert. Es brauchte einen Namen, da die Tanzpaare bereits neue Bewegungen auf diesen Rhythmus entwickelt hatten. Das dreifache Klopfen der Tänzer auf die Tanzdielen soll die Musiker dazu inspiriert haben, ebenfalls dreimal auf den Boden zu klopfen und zu singen: »*Chachachá es un baile original*« (Chachachá ist ein origineller Tanz). Der lautmalerische Name bezeichnete fortan einen Rhythmus, der unter dem Sternenhimmel des Tropicana seine ersten Erfolge feierte und von da aus die Tanzpaläste der USA eroberte.

Neben fetzigen Sones, Mambos, Rumbas und Chachachás gehörten auch Schmusenummern ins Repertoire: Boleros. Der Bolero ist eine langsame Variante des Danzón, der sich seit Mitte der Achtzigerjahre des 19. Jahrhunderts entwickelt hat. Seine Hochphase hatte der Bolero in den Vierziger- und Fünfzigerjahren des letzten Jahrhunderts. Heute ist er in ganz Lateinamerika und Spanien Bestandteil der Folklore. Mit dem Bolero von Maurice Ravel hat er jedoch nur den Namen gemeinsam, nicht aber den Takt. In Santiago de Cuba entwickelte sich der Cinquillo, eine rhythmische Figur aus fünf Noten. Dieser Rhythmus war eine der prägendsten afrikanischen Zutaten für den Bolero und für die kubanische Musik insgesamt. Alle großen kubanischen Sänger und Sängerinnen von Benny Moré bis Rita Montaner sangen und singen Boleros.

Viele herausragende kubanische Instrumentalisten haben sich in die internationale Jazzszene aufgemacht, allen voran der Pianist Jesús »Chucho« Valdés, der Klarinettist und Saxofonist Paquito D'Rivera und der Trompeter Arturo Sandoval. Der 1941 in Havanna geborene Chucho Valdés erforschte seine afrikanischen Wurzeln und gründete die Band Irakere – das Wort kommt aus der Yoruba-Sprache und heißt so viel wie Dschungel oder Vegetation. Irakere ist auf Kuba eine Institution. Die Gruppe brachte mehr als fünfundzwanzig der besten kubanischen Musiker hervor, wurde zu einer Art Musikschule auf allerhöchstem Niveau.

Den Ursprung seiner Musik sieht Chucho Valdés in den afrokubanischen Religionen. Er und seine Gruppe erforschten die Rhythmen der populären Musik Kubas sowie die Riten und Messen der Sklaven, ließen sich die alten Lieder vorsingen, und sie studierten die afrikanischen Sprachen und Legenden. So entstanden Tanzstücke mit Batá-Trommeln wie *Bacalao con pan* (Stockfisch mit Brot) und seine Schwarze Messe *Misa Negra.*

Salsa (Soße) ist der Oberbegriff für ein großes Sammelsurium verschiedener lateinamerikanischer, insbesondere karibischer Rhythmen, die in New York ab den Sechzigerjahren vermischt, aufgenommen und popularisiert wurden. Die Kubanerin Célia Cruz, ein Topstar unter den »Salseros«, sagte einmal, Salsa sei Mambo, Chachachá, Rumba, Son – alle kubanischen Rhythmen in einem. Sie hat recht – denn die meisten Zutaten, die im Laufe der Zeit zur Salsa zusammengerührt wurden, stammen tatsächlich aus Kuba. Die kubanische Regierung verstieg sich einmal zu der These, Salsa sei nur ein imperialistischer Ausdruck für das Plagiat kubanischer Musik. Das ist natürlich Unsinn. Der Son ist vielmehr für die Salsa das, was der Blues für den Jazz in Nordamerika ist: Er ist Vorläufer und Bestandteil. Doch viele andere Elemente, vor allem aus Puerto Rico, gehören ebenfalls dazu.

1959 schlägt das Pendel des Zeitgeistes ins andere Extrem, und die Auswüchse der »imperialistischen Dekadenz« werden verboten. Für viele Vergnügungspaläste kommt das Aus, nicht nur aus politischen Gründen, sondern vor allem, weil die nordamerikanische Kundschaft fehlt. Carlos Puebla textete in seinem Lied *Y en eso llegó Fidel:* »Schluss mit den Vergnügungen, der Comandante kam und befahl aufzuhören.« Havanna wird jetzt zur Pilgerstätte linker Intellektueller und Abenteurer aus aller Welt. Die Musik wird der neuen Zeit angepasst. Es entstehen Lieder, die die neuen Helden und ihre Taten preisen und die als *nueva trova* bezeichnet werden. *Trova,* weil man an die alten kubanischen Lieder erinnern will, wie sie ab Ende des 19. Jahrhunderts zu hören waren. *Nueva,* weil sie eine neue Botschaft bringen.

Carlos Puebla, der Mechaniker einer Zuckerfabrik, hatte schon vor der Revolution gegen Diktator Batista und die US-Imperialisten angesungen. Durch den Umsturz wurde er dann zum großen Sänger der Revolution. Er beschrieb die aktuellen Ereignisse in pathetischen Liedern. Sein bekanntestes Lied ist das legendäre *Hasta siempre, Comandante Che Guevara,* in dem es heißt: »Uns bleibt die offene, innigst geliebte Klarheit deiner geliebten Präsenz, Comandante Che Guevara.«

Silvio Rodríguez und Pablo Milanés sind mit Puebla die bekanntesten Repräsentanten der *nueva trova.* Rodríguez hatte in den ersten Jahren der Revolution Probleme mit den neuen

Machthabern und eine Weile in einem Umerziehungslager gesessen. Später machte er dann seinen Frieden mit dem Regime. »Früher war Silvio verboten – jetzt ist er Pflicht«, so ein kubanischer Witz. Er selbst sagt heute, dass er nie die Stimme der Revolution sein wollte, das würde er Fidel Castro überlassen, aber er glaube fest an sie.

Die Revolutionsregierung bemühte sich um die Musiker, von denen viele nach der Schließung der Nachtclubs praktisch arbeitslos waren. Es entstand eine staatlich gelenkte Musikindustrie, die nur produziert, was genehm ist, und das trieb viele Künstler ins Exil.

Die Folgen des US-amerikanischen Wirtschaftsembargos und der sozialistischen Mangelwirtschaft, die nach dem Zusammenbruch der Sowjetunion besonders stark zum Tragen kamen, bestimmen auch die Musikszene der Insel: Verstärkeranlagen, Musikinstrumente oder Noten sind äußerst schwer zu beschaffen. Immerhin: Einige Musiker konnten sich ihre Nischen bewahren und gelegentlich sogar mit regimekritischen Titeln an die Öffentlichkeit gehen. Die Kulturpolitik der kubanischen Regierung hat, trotz aller manchmal dramatischen Einschränkungen, die Musikszene am Leben erhalten.

Auf Kuba gibt es heute über hunderttausend Musiker, die mit der reichhaltigen musikalischen Tradition ihres Landes experimentieren und sie beständig weiterentwickeln. Auch Anleihen an die Jazzmusik aus der Heimat der ansonsten geschmähten »Imperialisten« im Norden sind erlaubt. Strömungen wie Rap und Hip-Hop sind heute ebenfalls zu hören. Sie wurden längst von Gruppen wie den Orishas aufgenommen, mit der nötigen Portion Son angereichert und »kubanisiert«. Die Orishas wollen die afrokubanische Musik weiterentwickeln. Kritische Liedtexte sind in den letzten Jahren ebenfalls möglich: So gibt die Band NG – Nueva Generación, deren Name Programm ist, mit ihren umgangssprachlichen Texten die Stimmung vieler Kubaner wieder. Andere Musiker, die zwar auf Kuba leben, aber ständig um die Welt touren, sind längst Bestandteil der internationalen Rock-, Pop- und Jazzszene geworden, die der hochmusikalischen Insel zahlreiche Anregungen verdankt. Die Kubaner haben es in den letzten hundert Jahren verstanden, Trends zu setzen.

Die Melodie und ihre politische Verpflichtung – Eine Spurensuche

Wolfgang Martin Stroh

Guantanamera, ein schönes Lied, nicht zu simpel, nicht zu schwierig, einfache Harmoniewechsel. Zudem ein »politisches Lied«, ein Revolutionslied. José Martí, der Dichter des Textes, ist ein heute noch verehrter Freiheitskämpfer, der am 19. Mai 1895 im Kampf gegen die spanische Kolonialmacht starb. Die Musik stammt von Joseíto Fernández. Bekannt wurde das Lied durch Pete Seeger, der es seit Mitte der Sechzigerjahre sang. Heute soll *Guantanamera* das bekannteste lateinamerikanische Lied sein, doch die Orientierung im Text fällt nicht leicht.

Guantánamo ist eine Kleinstadt im Osten Kubas. Die *guajira* – eine Variante des *punto guajiro* – ist ein ländliches Lied, das von den Kanarischen Inseln stammt und durch die Textimprovisationstechnik im Stile von *décimas* gekennzeichnet ist. »Guajira Guantanamera« hieße demnach »die Guajira aus Guantánamo«. Diese Auffassung vertreten auch neueste Fachlexika und der mutmaßliche Komponist der *Guantanamera,* Joseíto Fernández: »Ich arbeitete eine *guajira* um, die ich 1929 geschrieben hatte«, ließ er damals verlauten.

»Guantanamera« ist aber nicht nur ein Adjektiv, sondern auch ein Substantiv. Dann bezeichnet es eine Frau aus Guantánamo. In diesem Fall kann *guajira* so viel wie Bäuerin, die weibliche Form des *guajiro* bedeuten. Der Komponist Carlos Fariñas vertritt diese Meinung, da die *Guantanamera* nicht die strikten stilistischen Kriterien einer *guajira* erfülle, sondern ein *son-montuno* sei. Wenn allerdings die bekannten Strophen der *Guantanamera* als Huldigung an eine Bäuerin aus Guantánamo oder Liebeslied interpretiert würden, dann wäre der *Guantanamera* und José Martí ein Bärendienst erwiesen.

Was hat die *guajira* aus Guantánamo, egal ob es nun ein Tanz oder eine Frau ist, mit der Revolution zu tun? Der Text der Strophen sollte hierüber Aufschluss geben können: Mit sehr viel Fantasie ließe sich zwar das eine oder andere Bild des Textes politisch deuten: der Hirsch als der Guerilla-Kämpfer – oder doch als Ausdruck einer volksnahen Moral –, die Bescheidenheit des Baches gegenüber dem Überfluss des Meeres. Sehr befriedigend ist diese Herangehensweise jedoch nicht. Auch ein Blick auf die Verbreitungsgeschichte des Liedes durch Pete Seeger stellt neue Fragen, anstatt sie zu lösen: Auf der LP *We shall overcome,* einem Mitschnitt des Seeger-Konzertes vom 8. Juni 1963, auf dem *Guantanamera* zum ersten Mal außerhalb Kubas erklungen sein soll, fällt auf, dass das in der Carnegie Hall versammelte Publikum mitsingt, das Lied also bereits bekannt gewesen sein muss. Zudem steht auf dem Cover der LP, dass die Musik von Hector Angúlo und Pete Seeger »adaptiert« worden sei.

In einem Interview, das Hermann Herlinghaus im Februar 1976 mit Joseíto Fernández in Havanna geführt hat, sagte Fernández, Hector Angúlo habe das von Fernández komponierte Lied mit in die USA genommen, als er nach dem gescheiterten Putschversuch vom 26. Juli 1953 fliehen musste. In den USA habe er als Hausmeister einer Grundschule gearbeitet und das Lied dem kleinen Pete Seeger beigebracht.

Diese Geschichte ist, da Seeger 1953 bereits vierundzwanzig Jahre alt war, ebenso fantastisch wie eine andere, die 1979 von Pablo Santana verbreitet wurde: Nicht Fernández habe die Melodie komponiert, sondern Herminio García Wilson. Dieser spielte es 1929 bei einer Geburtstagsfeier, als ein Mädchen, das er anmachen wollte, zurückgiftete. Daraufhin entglitten dem talentierten Musiker spontan Melodie und Text der *Guantanamera.*

Gemeinsam ist allen Varianten der Legende, dass in den Dreißiger- und Vierzigerjahren Joseíto Fernández zur *Guantanamera* im Rundfunksender CMQ jeden Tag aktuelle Texte im Stile der spanischen *décima* improvisiert hat, und dass hierbei die drei Strophen aus José Martís Zyklus *Versos sencillos,* die Pete Seeger gesungen hat, keine Rolle spielten. Fernández berichtet hierüber selbst: »1932, als ich im Radio arbeitete, hatten die Orchester, die im Radio spielten, die Gewohnheit, ihr Programm mit einer Rumba zu beenden. Alejandro Rivieiro, ein Rechtsanwalt, sagte damals zu mir: Hör zu, wir wollen etwas Neues versuchen, wir beginnen mit einer klassischen Melodie und enden mit deiner, die überall so großen Erfolg hat. Für den Anfang wählten wir also die Rumba *La bella cubana,* zum Schluss die *Guajira Guantanamera.* Immer mit verschiedenen Texten. Meine *décimas* enthalten nichts Erfundenes, Ausgedachtes. Darum sage ich auch immer, dass die *Guajira Guantanamera* von Anfang an ein Protestlied gewesen ist. Sie war eigentlich immer Ausdruck von etwas Schmerzlichem. Ich habe stets Missstände, Ungerechtigkeiten, die Ausbeutung, Armut, Bösartigkeit, den schlechten Charakter et cetera bekämpft. Ich bin mit offenen Augen durchs Leben gegangen.«

Freilich hat Joseíto Fernández die Gelegenheit nicht ungenutzt gelassen, die Bekanntheit der *Guantanamera* improvisierend auf seine eigenen Mühlen zu lenken. Er hat dabei ungewollt den qualitativen Abstand zwischen einer *décima-*

Improvisation und der feinsinnigen Lyrik José Martís (»*Yo soy un hombre sincero*« – Ich bin ein ehrlicher Mensch) kundgetan, die offensichtlich nicht dem *décima*-Muster von zehn Zeilen zu je acht Silben gefolgt ist: »Ich kann mein Lied hier singen oder wo immer man es will. Meinen Guantanamo-Song, so rein wie José Martí. Es gibt keine Tat von mir, die meinen Wert schmälern könnte. Große Ehre und Mannhaftigkeit sind beides sehr große Tugenden.«

Guantanamera ist ein musikalisches Modell, mit dem die Menschen Unterschiedliches anstellen können. Das *Guantanamera*-Modell verpflichtet den Sänger traditionsgemäß, sich lebensnah und somit eben auch politisch zu äußern, wie es Joseíto Fernández beschreibt. Wer auch immer José Martís Lyrik als Erster über das Modell gelegt haben mag, er hat dies aus politischem Respekt vor der »revolutionären« Tradition der ehemals spanischen Kolonie Kuba getan. Martí soll heute noch mehr verehrt werden als Fidel Castro: Sein Geburts- und Todestag werden begangen, und eine Martí-Statue steht in jeder Stadt. Wer also einen Martí-Text singt, der singt dies als kubanischer Nationalist.

Spätestens mit der Adaption der *Guantanamera* durch Pete Seeger jedoch ist aus dem Modell ein Lied, aus der Improvisationspraxis ein Fall für die GEMA geworden. Nachdem Seeger *Guantanamera*-Platten produziert und dafür Tantiemen kassiert hatte, bekam die Angabe auf der LP »Text: José Martí, Musik: nach Angúlo und Seeger« eine brisante Bedeutung. Joseíto Fernández sagte 1976, dass »diese Angelegenheit« inzwischen geregelt worden sei. Dem kubanischen Musikwissenschaftler Cristóbal Díaz Ayala zufolge haben die Erben von Fernández, der 1979 starb, erst 1985 von einer spanischen Behörde die Urheberrechte erhalten. Und in jüngster Zeit verdichten sich die Anzeichen dafür, dass die Melodie seit dem 19. Jahrhundert bekannt ist und von Fernández lediglich verwendet wurde; dass Julián Orbón den Martí-Text auf die bekannte Melodie setzte; dass der Gitarrist Leo Brouwer schon 1961 *Guantanamera* mit dem Martí-Text gesungen und dass Orbóns Schüler Hector Angúlo diese Textierung Pete Seeger übermittelt hat.

Guantánamo ist die ärmste Provinz Kubas, zugleich die geschichtsträchtigste. Dort siedelten sich vor allem Einwanderer von den Kanarischen Inseln an. Die Tradition des improvisierenden *décima*-Singens wird in La Palma noch heute gepflegt. Die zweite Phase des Befreiungskampfes (1895–1898) wurde durch den spanisch-amerikanischen Krieg und die Besetzung Kubas durch die USA (1899–1902) abgelöst. 1902 wurde Kuba selbstständig und musste ein hundertsechzehn Quadratkilometer großes Areal an der Bucht von Guantánamo als US-Militärbasis abtreten. Der Pachtvertrag ist 2003 eigentlich ausgelaufen, aber die USA ziehen nicht ab. Fidel Castro nimmt seit 1959 die »Pachtzahlungen« in Höhe von 4085 US-Dollar demonstrativ nicht mehr an. 1994 wurden hier die *balseros*, die Flüchtlinge, die über das Meer zu flüchten versuchten und von der US-Marine aufgegriffen wurden, untergebracht. 20 000 durften später in die USA ausreisen.

Zwischen 1962 und 1999 wurden 8262 Verletzungen des kubanischen Hoheitsgebietes und 5236 *provocaciones* durch »US-Bürger« registriert. Das Militärgebiet war bis Ende 2001 durch einen Vorhang stacheliger Kaktusstauden geschützt. Mitte Januar 2002 wurde ein starker Stacheldrahtverhau gebaut, achtundzwanzig Kilometer lang, mit vierundvierzig Wachtürmen. Rund viertausend zusätzliche Soldaten schützen diesen neuen Zaun.

Guantánamo ist das bestbewachte Gefängnis der Welt. Ende Januar 2002 wurden die ersten Taliban als Gefangene der USA nach Kuba transportiert. Über sechshundert Menschen aus vierundvierzig Ländern wurden zwischenzeitlich dort gefangen gehalten. Die Veröffentlichung des ersten Fotos aus Guantánamo, das im Januar 2002 um die Welt ging, erregte großes Aufsehen und mobilisierte Menschenrechtsorganisationen.

Was bedeutet dieses Gefangenenlager aber für Kuba? Auf einer Internetseite des »Vereins zur Pflege des Erbes José Martís« wird auf den symbolischen Zusammenhang zwischen dem US-Pachtvertrag und dem Lied mit dem Text José Martís hingewiesen. Dass die USA die Taliban-Kämpfer gerade auf Guantánamo gefangen halten, hat nicht allein den allseits bekannten Grund, dass dort das Kriegs- und Völkerrecht leichter als auf heimischem Boden außer Kraft gesetzt werden kann. Es ist zugleich auch ein weiterer Baustein in der Fülle von *provocaciones* der USA gegenüber Kuba: »Hier sitzen die Terroristen zu Recht«, auf dem US-amerikanischen Pachtgebiet inmitten eines Schurkenstaates.

Umso mehr kann die *Guantanamera* das Schweigen um die Gefangenen von Guantánamo und die Provokation gegenüber Kuba brechen. Singen wir die *Guantanamera,* um gegen Menschenrechtsverletzungen und anti-kubanische Provokationen zu demonstrieren! Als Pete Seeger die *Guantanamera* 1963 erstmals in New York sang, war es eine Solidaritätsbekundung gegenüber der kubanischen Revolution. Ein Jahr später begannen die USA den erfolglosen Vietnamkrieg, und *Guantanamera* wurde zum Protestlied der US-Friedensbewegung. Seegers Botschaft ist damals gut verstanden worden. Sie wurde als kriegszersetzend eingestuft und durfte nicht mehr gesendet werden. Der *Guantanamera* widerfuhr das Schicksal vieler politischer Lieder. Sie werden für konkrete Anlässe adaptiert und speisen sich dabei aus unbekannten Quellen. Nach einiger Zeit versinken sie in einer eher folkloristischen oder kommerziellen Ritualisierung.

Es scheint, als ob die aktuellen Ereignisse in und um Guantánamo die *Guantanamera* in derselben Art und Weise politisch rekonstruieren, wie dies seinerzeit bei Pete Seeger der Fall gewesen ist. Dass gerade einem Lied, das für viele Kubaner schlicht *cubanía* ausdrückt, dieses Schicksal widerfährt, ist charakteristisch für die Tatsache, dass die USA die letzten Gefechte des Kalten Krieges vor ihrer Haustür heute mit dem neuen Kampf gegen den US-feindlichen Terrorismus verknüpfen.

Falls den gefangenen Taliban, die seit Anfang 2002 jenseits aller Kriegs- und Zivilrechte festgehalten, psychisch gequält und verhört werden, tatsächlich einmal ein Prozess gemacht wird und sie dann Guantánamo – vielleicht für immer – verlassen, werden auch sie sich *guantanameros* nennen können.

Kreolische Gaumenfreuden

Silvia Caunedo

Nachdem die spanische Armee 1898 Kuba verlassen hatte, blieb die kubanische Gesellschaft weiterhin aufs Engste mit Spanien verbunden. Verwandtschaftliche Beziehungen wurden durch die massive spanische Auswanderung der letzten beiden Dekaden des 19. Jahrhunderts ständig erneuert. Als die Kolonialzeit endete, waren zwölf Prozent der Inselbewohner in Spanien geboren, und jeder vierte Einwohner der Hauptstadt Havanna war Spanier. Als 1902 die neue Republik ihren Anfang nahm, setzte der erste kubanische Präsident, Tomás Estrada Palma, auf eine Politik des »Bleichens«, indem er die Einwanderung von Weißen förderte. Infolge dieses Dekrets machte die weiße Bevölkerung, die bis dahin leicht in der Minderheit war, nach nur einem Jahrzehnt aufgrund der Lawine spanischer Einwanderer drei Viertel der Bewohner Kubas aus. Die Neuankömmlinge stammten vor allem aus Asturien, Galizien, Katalonien und von den Kanarischen Inseln. Kuba blieb das beliebteste Ziel der Spanier. In den Folgejahren wuchs deren Zahl zwar nicht mehr, aber sie wurde auch kaum geringer, sodass 1959, als die kubanische Revolution den Sieg davontrug, immer noch zehn Prozent der Bevölkerung Spanier waren. All das mag erklären, warum Kuba bis heute das am meisten von Spanien geprägte Land Lateinamerikas ist.

Historisch setzt sich die kubanische Bevölkerung aus Kreolen – so werden die Abkömmlinge von Spaniern genannt –, aus den Nachfahren afrikanischer Sklaven sowie aus Mestizen und Mulatten zusammen. Die ethnische Vermischung ist groß. Die Ureinwohner der Insel, die Indianer, wurden im 16. Jahrhundert von den Eroberern fast ausgerottet, und heute haben nur noch wenige Familien im Osten Kubas indianische Züge. Von ihrem Erbe blieben nur einige Worte, die in Markennamen von Lebensmitteln oder Bier verewigt wurden, sowie einige typische Gerichte.

Die dritte, wenn auch weniger bedeutsame ethnische Komponente der kubanischen Bevölkerung bilden die Chinesen, die in der ersten Hälfte des vorletzten Jahrhunderts auf die Insel gebracht worden waren, nachdem England Spanien 1817 und 1835 Verträge aufgezwungen hatte, die den Sklavenhandel mit Schwarzen verboten. Die Chinesen waren keine Sklaven, sie kamen als Siedler. Acht Jahre waren sie an einen Arbeitsvertrag gebunden, danach stand es ihnen frei, heimzukehren. Zwischen 1847 und 1873 waren 140 084 Chinesen nach Havanna gekommen, von denen aber nur zweitausend zurück nach China gingen. Im Unterschied zu den Sklaven befanden sich unter den Chinesen praktisch keine Frauen. So integrierten sie sich schnell, denn sie suchten sich unter den Mulattinnen und freien schwarzen Frauen eine Gefährtin. Dies brachte eine ethnische Besonderheit hervor: Mulatten mit chinesischen Zügen, auch kubanische Chinesen genannt.

Einmal befreit von ihren ausbeuterischen Verträgen, verdingten sich die Chinesen als Handwerker, oder sie widmeten sich freiberuflichen Tätigkeiten, hauptsächlich der Gemüsezucht und dem Straßenverkauf. Sie waren vor allem für ihr Fruchteis und ihre gebratenen Bohnen berühmt. Aber zweifellos waren die China-Restaurants – es gibt sie bis heute – der wichtigste Beitrag dieser Einwanderungsgruppe zur kubanischen Kultur. Sie boten schon damals neben kreolischer Küche fernöstliche Gerichte neuer Prägung an, wie den in Kuba immer noch berühmten chinesischen oder gebratenen Reis, der auf halbem Wege zwischen beiden Kulturen liegt.

Spanier, Afrikaner und Chinesen, mit ihren verschiedenen Stufen der Vermischung untereinander, entwickelten eine eigene Identität, eine eigene Kultur, eine eigene Art zu denken und eine eigene Küche. Kuba ist seit je für seine Menschen berühmt, die zu lachen verstehen und den Augenblick genießen. Man ist fröhlich, macht gern Witze, redet gern und kann zu jedem Thema etwas beitragen. Es gibt einen Begriff, der typisch ist für Kuba, und der fest in die Sprache integriert ist: *el relajo,* das Durcheinander. Das Durcheinander rechtfertigt, etwas nicht zu tun, es bedeutet »ist doch egal« und »das Leben ist kurz«. Mit dem Durcheinander kann man fast alles entschuldigen. Es beinhaltet ein Lächeln, eine wohlwollende und optimistische Sicht des Lebens.

Die meisten Kubaner zeichnen sich durch einen schwarzen, ja tiefschwarzen Humor aus, der dazu fähig ist, mit jeder Situation fertigzuwerden. Sie nehmen die Witze ernst und machen aus allem, was ernst ist, einen Witz. Sie sind so vernarrt in den Widerspruch, dass sie schöne Frauen als Monster und Gelehrte als Barbaren bezeichnen. Sie ahnen die Lösungen schon, bevor sie die Probleme kennen. So gibt es für sie nie ein Problem.

Und die kubanische Küche schließlich – man bezeichnet sie auch als kreolisch – bewegt sich zum Rhythmus von Zwiebeln, Knoblauch, Paprikaschoten, Gewürzen und Kräutern. Schweinefleisch ist das beliebteste Fleisch, das auf verschiedene Arten zubereitet wird: als Braten im Ofen, am Spieß, über Ästen des Guavenbaums und Bananenblättern, und »ertrunken«, das heißt, in siedendes Öl getaucht. So wird es knusprig und verliert sämtliches Fett. Es wird auch sehr gern Kalb, Hammel und Ziege gegessen, aber auch Huhn, Truthahn und

Perlhuhn, wobei ein Element der Zubereitung immer gleich bleibt: das Beizen in Bitterorange. Normalerweise lässt man das Fleisch über Nacht darin ziehen, angereichert mit Knoblauch und Zwiebel, damit es an Geschmack gewinnt.

Eine beliebte Fleischspeise ist auch das Hackfleisch nach Havanna-Art mit Oliven und Rosinen und der *tasajo,* der Dörrfleisch-Gulasch, aus in Salzlake eingelegtem Fleisch, oftmals stammt es vom Pferd. Normalerweise isst man dazu Maniok, Malanga (eine in Geschmack und Konsistenz der Kartoffel ähnliche Wurzel), Süßkartoffeln oder Jamswurzel, die man kocht und mit *mojo,* einer Soße aus Öl, Knoblauch und Bitterorange, serviert. Eine weitere Beilage ist die Kochbanane, die auf verschiedene Art zubereitet wird, sowohl in grünem als auch in reifem Zustand.

Auch ein Beitrag der Indigenen zur Küche, der überlebt hat, darf nicht vergessen werden: die Tamales, Rollen aus Maismehl, die mit gebratenem Schweinefleisch gefüllt, in die Blätter der Pflanze eingewickelt und dann gekocht werden.

Reis ist eine unerlässliche Komponente auf dem kubanischen Tisch, sei er weiß, als Beilage zu schwarzen Bohnen, oder bereits mit schwarzen Bohnen vermischt, als *moros y cristianos* (Mauren und Christen), deren Herkunft afrikanisch ist, obwohl der Name nicht spanischer sein könnte. Vielleicht haben die Kastilier das Gericht so getauft, weil die Farbe der schwarzen Bohnen zu der der weißen Reiskörner in Kontrast steht. Oft wird auch Reis als Hauptgericht serviert, als *arroz con pollo a la chorrera* (»tropfender« Reis mit Huhn), die kubanische Variante der Paella aus Valencia.

Unter den Fischen sind Roter Schnapper und Zackenbarsch besonders beliebt. Sie werden vom Grill oder gebraten gegessen. Unter den Meeresfrüchten ist die Languste die Königin, geschmort oder vom Grill mit einem Spritzer Zitrone. Aber auch die Garnelen sollte man nicht vergessen, mit Pfeffer und Salz und auf Spießchen gebraten, oder die Krebse, die mit Zitrone und Tomate köstlich sind, ebenso wie die *ostiones,* eine Austernart.

Süße Sachen sind die große Schwäche der Kubaner. Man isst gern Cremespeise, aber auch Milchreis, Pudding und dessen neue Versionen mit tropischen Früchten, oder Obst, das man in appetitliche Nachspeisen wie den *coco rallado* (geraspelter Kokos) verwandelt. Auch Guaven- oder Orangenschalenkompott sind beliebt, ebenso Mus aus Papaya oder aus Süßkartoffeln, das man mit Käse kombiniert, um des süßsauren Kontrastes willen.

Die kubanische Küche besteht vor allem aus fettarmer, pikanter Hausmannskost von einfacher Zubereitung. Aus Afrika kamen der *fufú,* Püree aus Kochbananen, und die *tostones,* in Scheiben geschnittene Kochbananen, die platt gedrückt und in der Pfanne gebraten werden.

Aufgrund der ständigen Erneuerung der weißen Bevölkerung durch die anhaltenden spanischen Einwanderungswellen hat sich in Kuba die kreolische Küche nicht so stark gemischt wie in anderen Gebieten mit afrikanischem Einfluss, etwa in New Orleans, in der Dominikanischen Republik oder Brasilien. Allerdings hat auf Kuba das Maismehl das Weizenmehl der spanischen Rezepte ersetzt.

Maniok, in Kuba *yuca* genannt, war das wichtigste Nahrungsmittel der Indigenen. Aus *yuca* wird noch heute *cazabe,* Maniokbrot, hergestellt – ein runder, dünner Fladen, der wie Brot gegessen wird. Mit der Stärke, die aus dem Maniok gewonnen wird, macht man Brezeln und Windbeutel sowie *churros,* die traditionellen Ölkringel.

Vom ersten Moment an zwangen die Weißen ihren schwarzen Sklaven die Gerichte auf, an die sie selbst gewöhnt waren: Stockfisch, Dörrfleisch, Reis sowie einige Tuberkelfrüchte, darunter vor allem die Süßkartoffel. Auf den Plantagen kochten Schwarze und Chinesen, die ihren eigenen Geschmack dem ihrer weißen Herren anpassten. Diese wiederum gewöhnten sich daran, dass sich die Schmorfleischeintöpfe der kreolischen Küche von denen der Spanier unterschieden, weil sie mit exotischen Zutaten angereichert wurden. Vor allem im Osten Kubas kennt man diverse Eintöpfe afrikanischer Herkunft wie den *calalú,* eine dicke Suppe aus Kochbananen, *yuca* und Kürbis, der man Schweinefleisch und gepökeltes Rindfleisch zufügt, sowie *carne confí,* in Schmalz gebratenes Fleisch. In den anderen Teilen der Insel ist der afrikanische Einfluss durch die Okra präsent, die auf Kuba *quimbombó* genannt wird und in viele Eintöpfe gehört.

Auch in der Vorliebe für Knollenfrüchte wie Malanga und Jamswurzel manifestiert sich die afrikanische Präsenz. Man nimmt an, dass die Malanga durch Piraten nach Kuba kam, lange nach der spanischen Eroberung. Zunächst wurde sie in den Niederlassungen der entlaufenen Sklaven angebaut, doch gelegentlich wurde sie auch auf den Tafeln der Weißen serviert, da sie als leicht verdaulich gilt. Bis heute hat sie ihren festen Platz auf der Speisekarte, gebraten, als Püree oder als Zutat zu Suppen und Eintöpfen. Die typischen Spiegeleier mit Reis, die man auch mit Hackfleisch isst, zählen ebenfalls zum afrikanischen Erbe, das von den schwarzen auf die weißen Tische wanderte.

Der Kaffee beschließt jedes gute Essen und krönt den Genuss einer Havanna-Zigarre. Doch der Kaffeekonsum beschränkt sich nicht darauf: Es ist vielmehr typisch, immer wieder ein Schlückchen Kaffee zu trinken, unter welchem Vorwand auch immer: am Vormittag, am Nachmittag, um ein Schwätzchen zu halten, um eine Zigarette zu rauchen, wenn Besuch kommt … Man trinkt ihn in kleinen Portionen, sehr schwarz und mit viel, viel Zucker.

Zwei weitere kreolische Erfindungen sind dem Zuckerrohr

zu verdanken: der *mojito* und der *daiquirí,* zwei Cocktails, die um die Welt gegangen sind. So wie ein gutes Essen mit einem guten Kaffee und einer Havanna enden muss, ist es auch unverzeihlich, es nicht mit einem der beiden Cocktails zu beginnen. Der *mojito* scheint ein altes Getränk zu sein, das bereits im neunzehnten Jahrhundert getrunken wurde, um die Verdauung zu unterstützen, denn die Minze, mit der er gemixt wird, besitzt diese Eigenschaft. Der Drink aus Rum, Zucker, etwas Wasser, einigen Minzeblättern und einer Scheibe Zitrone ist bis heute beliebt. Der Vorläufer des *mojito* wurde aus einem starken, karamellfarbenen Schnaps und Zitronen gemixt. Der Schnaps wurde wie Stockfisch, andere Pökelwaren und Konserven eigens für die langen Überfahrten der Sklavenschiffe hergestellt. Die Zitronen führten diese mit, um Skorbutepidemien zu verhindern. Die Minze fügte man erst später hinzu. Der *daiquirí,* jüngeren Datums, feierte vor einiger Zeit seinen hundertsten Geburtstag. Auch er besteht aus Rum, Zitrone und Zucker und wurde 1898 von US-amerikanischen Soldaten entdeckt, in der Schlacht um Santiago de Cuba.

Die berauschenden Geheimnisse des Rums

Leonardo Padura

Facundo Bacardí y Mazó wurde am Meer geboren und war zeitlebens dem Zauber seiner blauen Pracht verfallen. Der Algengeruch, das unablässige Rauschen der Wellen und die salpeterhaltige Brise erfüllten ihn mit einer Sehnsucht nach Gerüchen, Geflüster und Liebkosungen, die auch Lucía Victoria, seine über alles geliebte Frau, nicht zu stillen vermochte. Darum stieg er seit jenen fernen Tagen, als er sich in Santiago de Cuba niedergelassen hatte, jeden Morgen auf eine der vielen Erhebungen der Stadt und verbrachte die ersten Minuten des Tages damit, die friedliche Stille des von Bergen umschlossenen Meeres zu betrachten. Und als guter Katalane aus Sitges dachte er, dass über ebendieses Meer ihn eines Tages einmal das Glück erreichen werde, dem er seit so vielen Jahren – bisher ohne Erfolg – hinterhergejagt war.

Vielleicht waren seine Liebe zum Meer und das Gefühl, auserwählt zu sein, der Grund dafür, dass dieser unternehmungslustige und eigensinnige Katalane Ende der Fünfzigerjahre des 19. Jahrhunderts zum Kommissionär der heruntergekommenen Schoner wurde, die zwischen Santiago de Cuba und den anderen Karibikinseln verkehrten. Natürlich hatte sein kleines Büro ein Fenster, das – stets offen wie ausgebreitete Arme – auf die friedliche Bucht hinausging.

Doch Facundo Bacardí y Mazó begnügte sich nicht mehr damit, das Meer zu betrachten. Und so bestieg er, ohne auch nur zu ahnen, dass sich sein Leben dadurch für immer verändern sollte, am denkwürdigsten Tag seines Lebens einen der Schoner der Gesellschaft, für die er arbeitete, und nahm Kurs auf die Antillen, wobei er sich wie ein neuer Eroberer der Tropen fühlte.

Man schrieb das Jahr 1860, so wird erzählt, als Facundo Bacardí an Bord der *Esperanza* die Stadt verließ. Der letzte Halt der Reise, die Don Facundos Schicksal verändern sollte, war die französische Insel Martinique, die sie im Oktober erreichten, als ein Zyklon über die Karibik hinwegzufegen begann. Das Schiff lag im Hafen und wartete darauf, dass der Hurrikan sich legen würde. Währenddessen nutzte Facundo Bacardí die Gelegenheit, einen aggressiven Schnaps zu trinken, der unter dem Namen *tafía* in den Hafenkneipen ausgeschenkt wurde. Und nach einer durchzechten Nacht wollte es das Schicksal, dass der sturzbetrunkene Katalane einem vornehmen blonden Franzosen versprach, ihm einen Platz auf der *Esperanza* zu besorgen, um ihn nach Santiago mitzunehmen, wo der Mann die Rückreise in seine ferne Heimat antreten wollte.

Und Facundo Bacardí forderte das Schicksal noch weiter heraus. Schnell schloss er Freundschaft mit dem Reisenden, der mit zwei riesigen Koffern an Bord gekommen war, in denen sich nichts weiter als viele Liter Rum befanden, ein süßlicher Rum, seltsamerweise frei von jener Härte des berüchtigten jamaikanischen Rums, den die gestandenen Trinker in Santiago und in der gesamten Karibik hinunterkippten. Die Freundschaft wurde bald so innig, dass sich der Franzose, während er auf das Auslaufen des Schiffes wartete, das ihn nach Marseille bringen sollte, bei Facundo einquartierte und ihn jeden Morgen begleitete, um auf das unendliche Meer zu schauen.

Am Abend vor seiner Abreise, als sie die letzte Flasche Rum leerten, vertraute der Franzose seinem katalanischen Freund an, dass er von Beruf Weinhändler sei und ihm zum Beweis seiner ewigen Dankbarkeit die Geheimformel zur Herstellung jenes milden und feinen, hochprozentigen und zugleich angenehmen Rums verraten wolle, mit der er den Markt der von der Hitze geplagten Stadt Santiago de Cuba erobern könne. Der Franzose hielt Wort, und das war die Geburtsstunde des großen Geheimnisses von Bacardí und der Geschichte der Rumfabrik, die dank der eifersüchtig gehüteten uralten Geheimformel auch noch einhundertfünfzig Jahre danach den besten Rum der Welt produziert.

Turbulenz und Tumult

In der Zeit um 1860 war Santiago de Cuba alles andere als das Zentrum des kubanischen Rums. Damals produzierten hier in der heißen Stadt lediglich vier Brennereien für den Handel, und aus ihren Destilliersäulen floss ein aggressiver Schnaps, der den Gaumen verbrannte. Der Rummarkt war fest in Händen des benachbarten Jamaika.

Der genaue Ursprung jener wunderbaren Erfindung namens Rum ist das erste Geheimnis seiner Geschichte. Rum gehört, kurz gesagt, zur Familie der Liköre. Er wird durch das Fermentieren und Destillieren von Zuckerrohrsaft gewonnen und danach einem Misch- und Lagerungsprozess unterworfen. Es wird vermutet, dass das Wort »Rum« auf *sacharum* zurückzuführen ist, obwohl seit 1650 auf den Antillen ein Schnaps existierte, der unter dem Namen *rumbullion* bekannt war, ein alter englischer Ausdruck, der »Turbulenz« oder »Tumult« bedeutet, zwei Wörter, die mit der Zeit zu treffenden Synonymen für Rum geworden sind.

Fest steht, dass die Zuckerindustrie in der Karibik von Anfang an von der Schnapsherstellung begleitet wurde. Ausgehend von der Zuckerfermentierung, verlegten sich Jamaika, Kuba, Haiti und die übrigen Karibikinseln auf diese Sekundärproduktion. Die Herstellung von Rum jedoch hat aller Wahrscheinlichkeit nach ihren Ursprung in Jamaika, wo die Schnapsfabrikanten das Produkt destillierten und lagerten, um es in Rum zu verwandeln.

So notiert bereits um 1820 ein Geschichtsschreiber »das Verbot, Zuckerrohrsaft auszuführen, oder die Gesetze, denen der Export unterliegt, haben uns mit Destillerien zu beschenken, die 30 000 Fässer jährlich produzieren. Das Einfuhrverbot oder die Gesetze, denen der Import von ausländischem Rum und Schnaps unterliegt, haben einen Industriezweig ins Leben gerufen, der nicht nur unseren eigenen Bedarf deckt, sondern auch dazu geführt hat, dass wir ins Ausland, sogar nach Spanien, exportieren.« Diese Schnaps- und Rumproduktion stammte aus den dreitausend Unternehmen mit Destillieranlagen, die Jacobo de la Pezuela um 1827 verzeichnete.

Dreißig Jahre danach sollte eine katalanische Familie, die sich in Santiago de Cuba niedergelassen hatte, zum wichtigsten Rumproduzenten Kubas und ihr Familienname zum Namen der höchstgehandelten Rummarke des Planeten werden: *Bacardí.*

Brot aus Steinen

Während Facundo Bacardí y Mazó aufs Meer schaute und an sein zu erwartendes Vermögen dachte, wiederholte er gerne mit leiser Stimme die Maxime, die ihn, den Auserwählten, in seinem Bemühen leitete: »Die Katalanen machen aus Steinen

Brot«, ein Satz, der den Unternehmergeist des Dorfes, in dem er geboren worden war, aufs Trefflichste charakterisierte.

Facundo stammte aus dem Küstenort Sitges, ganz in der Nähe von Barcelona, was seine Liebe zum Meer erklärte. Zusammen mit einigen seiner acht Brüder hatte er sich in das amerikanische Abenteuer gestürzt und sich in Santiago de Cuba niedergelassen. 1843, mit dreißig Jahren, heiratete er Lucía Victoria Moreau, ein prachtvolles junges Mädchen von einundzwanzig Jahren, Tochter einer franko-haitianischen Emigrantin und eines Hauptmanns der Armee Napoleon Bonapartes, und Besitzers der Kaffeeplantage »El Amor«. Mit ihr zusammen begründete Facundo das später so berühmte Geschlecht Bacardí Moreau.

Seit ihrer Ankunft in Kuba versuchten sich Facundo und seine Brüder als Geschäftsleute. In den Dreißigerjahren schließen sich Juan und Magín Bacardí mit anderen Katalanen zusammen und eröffnen eine Eisenwarenhandlung und einen Lebensmittelladen mit Alkoholausschank. Währenddessen macht Facundo, noch im Jahr seiner Heirat, zusammen mit Juan Carbonell y Bory einen Gemischtwarenladen in der Calle Enramadas auf, und wenig später eröffnen sie einen Kurzwarenladen im nahe gelegenen Dörfchen El Cobre. Doch die wirtschaftlichen Krisen, die Santiago in den Fünfziger- und Sechzigerjahren beuteln, bremsen den Elan der ehrgeizigen Bacardí-Brüder. 1852 kann Facundo als Geschäftsmann nur dank der Erbschaft seiner Frau Lucía Victoria überleben, und Anfang Januar 1855 schuldet er Daniel Arabitg und Clara Asti mehr als 17 000 Pesos, was ihn dazu zwingt, den Laden in El Cobre zu verkaufen. Am 22. desselben Monats entschließt er sich voller Scham zu dem Schritt, den er am meisten im Leben fürchtet: Er meldet Insolvenz an.

Zur selben Zeit, als die romantische Legende Facundo Bacardí als Schiffsverwalter sieht, taucht der rührige Katalane im

Handelsregister von Santiago, gemeinsam mit seinem Bruder Magín, als Inhaber eines sehr viel weniger glanzvollen Unternehmens auf: Sie widmen sich dem Verkauf von Blechwaren und Büroartikeln … Und in dieser Situation muss wohl, wie von der Vorsehung gesandt, jener namenlose französische Weinhändler aufgetaucht sein, denn im Jahre 1862 verlegen sich die Brüder Bacardí auf den Likörhandel.

Von den vier Destillerien, die um 1862 in Santiago de Cuba existierten, ging eine, »El Marino« von Manuel Idral & Co., am 24. Februar in den Besitz von José Bacardí & Co. über. Dieses Datum betrachtet man als die offizielle Geburtsstunde dessen, was die Fabrik *Bacardí Rum* werden sollte. Doch aus dem Handelsregister von Santiago geht hervor, dass – noch vor dem Verkauf der Destillerie von Manuel Idral – José Bacardí und sein Partner, der Franzose José León Bouteillier, bereits einen Likörhandel betrieben, *Bacardí & Bouteillier,* und Facundo mit der Aufgabe des Verwalters betraut war.

Sogleich entstanden die ersten Geheimnisse rund um die Fabrikation dieses unvergleichlichen Rums aus Santiago: Langsam, aber sicher verbessert sich der Geschmack des herben Schnapses, der aus den neu erworbenen Destillieranlagen gewonnen wurde, und durch vorsichtige Mischungen und Lagerung verwandelt sich das Produkt in Rum. Gleichzeitig lassen die Brüder Bacardí und José León Bouteillier einen Teil des reinen Schnapses in Eichenfässern – billig erstanden von Whiskyfabrikanten, die sie ausgemustert hatten, weil sie angeblich ihr ursprüngliches Aroma verloren hätten – zwölf Jahre in ihren Kellern reifen, woraus der erste original kubanische Rum entsteht: der kostbare, unvermischte *Bacardí 1873* oder *Extra Seco.* Zwischen 1862 und 1874 verbessert die Fabrik in der Calle Marina baja durch ungewöhnliche Beimischungen die Qualität des Getränks, das nach und nach den kubanischen Markt erobert. Und so war in Santiago de Cuba mit rätselhaften Methoden ein milder, angenehmer Rum geboren worden, der dreißig Jahre später mit einer Goldmedaille von der Weltausstellung in Paris zurückkehren und zur Hausmarke der spanischen Könige avancieren sollte: »Der König des Rums, der Rum der Könige.«

Die Geheimnisse von Bacardí (I)

»Die Geheimnisse von Bacardí?« Arturo García lacht. Er war viele Jahre als Produktionsleiter von *Ron Caney* in Santiago de Cuba damit beauftragt, über Menge und Qualität des Rums zu wachen. Hier, in drei von den Nachkommen des alten Don Facundo erbauten Hallen, wurde bis 1960 der inzwischen auf der ganzen Welt bekannte *Bacardí Rum* produziert. In ebendiesem Jahr erließ die neue Revolutionsregierung das Verstaatlichungsgesetz, und die Fabrik ging in staatlichen Besitz über. Nun entwickelte sich, genau in diesen Hallen, eine dramatische Geschichte: Es musste ein Rum produziert werden, der genauso gut oder noch besser war als der *Bacardí,* obwohl die letzten Besitzer des Unternehmens ins Exil gegangen waren und das Geheimrezept, nach dem der beste Rum der Welt achtundneunzig Jahre lang hergestellt worden war, mitgenommen hatten. »Doch die Bacardí-Brüder haben sich getäuscht«, sagt Arturo García. »Sie glaubten, wir könnten niemals einen Qualitätsrum herstellen, aber Tatsache ist, dass wir welchen produzieren und sie mit ihrer Geheimformel es bis heute in keinem anderen Land fertiggebracht haben. Ich bin mit der Geschichte ziemlich gut vertraut, denn ich habe schon 1958 hier angefangen zu arbeiten. Und ich muss sagen, dass die Arbeiter dieser Fabrik privilegiert waren. Sie verdienten sehr gut, und die Arbeitsbedingungen waren ebenfalls gut. Das Problem war nur, eine Stelle hier zu bekommen. Die Verwaltung bestand aus Mitgliedern des Bacardí-Clans, und in der Produktion wurden nur die Söhne oder entferntere Familienangehörige der alten Arbeiter eingestellt. Ein geschlossener Kreis, das war *Bacardí*, und innerhalb dieses Kreises gab es eine Gruppe von Vertrauten, und nur die kannten die Einzelheiten der speziellen Technologie, über die im ›Geheimzimmer‹ entschieden wurde, zu dem nur die Eigentümer und die Braumeister Zutritt hatten … Aber jeder wusste ja, wie der Rum hergestellt wurde, denn Rum herzustellen ist kein Geheimnis: Hier kommt der bereits gereifte Schnaps an, der zuvor in der Raffinerie destilliert wurde. Bekanntlich wird Schnaps aus dem mit Wasser, Hefe und speziellen Nährstoffen fermentierten Zuckerrohrsaft gewonnen, eine bestimmte Zeit lang gelagert, je nachdem, welcher Rum daraus gewonnen werden soll (weiß, dunkel, alt – *añejo* – oder extratrocken), und dann hierhergebracht, wo er mit Alkohol, Wasser und anderen Rumsorten versetzt wird, und schon haben wir den Rum, der seinerseits nun wieder jahrelang gelagert wird.«

»Und worin besteht das Geheimnis von Bacardí?«, hake ich noch einmal nach, in der Hoffnung, das Geheimnis eines Wunders endlich lüften zu können.

»Mit der Gründung der Firma entstand der Mythos von der Geheimformel, die den *Bacardí Rum* angeblich von allen anderen Sorten unterschied. Dieser Formel wurden noch weitere Mythen hinzugefügt, zum Beispiel die Tatsache, dass *Bacardí* in alten Eichenfässern gelagert wurde, in denen zuvor Whisky gereift war, oder dass an der Lagerhalle Züge vorbeifuhren und sich als Reaktion auf die dadurch entstehenden Erschütterungen Geschmack und Farbe verbesserten. Und es gibt da noch zwei weitere Dinge, von denen ich nicht weiß, wie die Bacardís sie jetzt erklären wollen: Angeblich sollte die Qualität des *Bacardí* auf das Wasser in Santiago de Cuba und den Zuckerrohrsaft der Plantage Algodonales zurückzuführen sein, und sie verfügen ja jetzt weder über das Wasser noch über den Saft.«

»Aber was ist nun mit der Geheimformel?«

»Ach, die Geheimformel … Nein, so geheim war sie letztlich gar nicht. Hast du die Fässer gesehen, in denen der Rum gelagert wird? Und all die Männer, die hier arbeiten? Nun ja, diese Fässer und diese Männer, das ist die Geheimformel. Deswegen wird nach wie vor hier, in Santiago de Cuba, der beste Rum der Welt produziert …«

Bacardí & Co. wird geboren

Nun verwendete Facundo Bacardí y Mazó, inzwischen zum Rumfabrikanten aufgestiegen, zwölf bis fünfzehn Stunden täglich darauf, die Erfüllung der Normen, die der französische Weinhändler ihm anvertraut hatte, zu überwachen und persönlich die neuen Geheimnisse der Produktion zu entdecken. Zwölf Jahre dauerte dieser stumme Kampf, und mit zweiundsechzig Jahren wusste er, dass er den Rest seines Lebens zwischen Fässern, Flaschen und Destillierkolben verbringen würde … Denn jetzt war er der alleinige Chef von *Bacardí & Co.*

Kaum war am 10. November 1874 der erste Liter des exzellenten *Rum Extra Seco* aus dem Fass geflossen, beschloss nämlich sein Bruder José Bacardí, bisheriger Haupteigner des Unternehmens, sich aus dem Geschäft zurückzuziehen, das nur schmale Gewinne abwarf und die Geduld eines lebenslänglich Gefangenen erforderte. Einen Monat später verließ auch der Franzose José León Bouteillier das Unternehmen, und so blieb Facundo als einziger Besitzer der kümmerlichen Fabrik zurück, die in den zwölf Jahren nichts als Verluste eingefahren hatte. In dieser Situation beschloss der alte Mann, den Bacardí-Clan ins Leben zu rufen. Am letzten Tag des Jahres 1874 rief er seine Söhne Emilio und Facundito Bacardí Moreau zu sich und verkündete in feierlichem Ton, der für ihn so typisch war, die Gründung des Konsortiums Bacardí-Moreau. Er vertraute ihnen das Geheimnis des französischen Weinhändlers an und bestimmte, dass die Geheimformel sowie die Aktien des heruntergekommenen Unternehmens (das schon bald nicht mehr heruntergekommen sein sollte) bis in alle Ewigkeit nur von den Vätern auf die Söhne übertragen werden dürften …

Doch in den darauffolgenden Jahren wollte die Fabrik nicht so recht in Schwung kommen, denn es konnten nur wenige Hundert Liter verkauft werden, obwohl der Rum ständig an Prestige und Anhängern gewann. Währenddessen waren es immer mehr Fässer, die, versiegelt und mit einem Datum versehen, in den Kellern der Fabrik lagerten und ihrer geheimen Bestimmung entgegenschlummerten. Don Facundo – guter Katalane, der er war – wappnete sich mit viel Geduld und investierte jeden Centavo, den er verdiente, in die Anlegung jener Reserven, die seinen billigen Rum eines fernen Tages in Qualitätsrum verwandeln würden. Ohne es zu wissen – oder vielleicht es vorausahnend –, tat der unternehmungslustige und eigensinnige Mann etwas in der Geschichte des Rums Einmaliges, etwas, das darüber hinaus unumkehrbar war: Er schuf die unbezahlbare Basis für einen fünf, zehn, fünfzehn Jahre alten Rum, den *añejo,* der zunächst ein reines Verlustgeschäft war, schließlich jedoch den Grundstein eines riesigen Imperiums bildete.

Als Don Facundo am 9. Mai 1886 starb, war er vierundsiebzig Jahre alt, von denen er mehr als fünfzig in Santiago de Cuba verbracht hatte. Er hinterließ eine kleine Fabrik mit vielen, vielen Fässern voller Rum. Und ein Geheimnis.

Nun stehen Emilio und Facundito Bacardí Moreau, zusammen mit ihrem jüngeren Bruder José, an der Spitze einer

Gesellschaft, deren Kapital sich, vierundzwanzig Jahre nach ihrer Gründung, auf nicht mehr als 10 500 Pesos beläuft. Sechs Jahre später müssen dic Söhne, die den Anweisungen des verstorbenen Vaters folgen, all ihre Besitztümer mit Hypotheken belasten, um das Unternehmen zu erhalten, und 1894, als sie bereit sind, die Welt zu erobern, gründen sie eine neue Gesellschaft, an der sie auch den genialen Geschäftsmann Enrique Schueg beteiligen, den Mann ihrer kleinen Schwester Amalia Bacardí Moreau. Jetzt scheint die so lange kultivierte Frucht endlich reif zu sein: Die Bacardís geben die Produktion von Süßigkeiten, die das Unternehmen bisher über Wasser gehalten hat, auf und wandeln die kleine Fabrik in einen modernen Industriebetrieb um. Auf der von Don Facundo so sorgfältig geschaffenen und von seinen Söhnen bewahrten Basis – den Fässern mit dem wertvollen *añejo* – kann man jetzt mit der industriellen Produktion des besten Rums der Welt beginnen. *Bacardí Rum,* der bereits wertvolle internationale Preise gewonnen hatte und zur Hausmarke des spanischen Königshauses aufgestiegen war, konnte endlich den entscheidenden Sprung wagen … Doch genau in diesem Moment brach der neue Unabhängigkeitskrieg aus, und die Bacardís traten in die Befreiungsarmee ein, wo sie hohe Ränge bekleideten.

Die Zeit der Misshandlung des Rums

Als Francisco Ayala 1928 mit sechzehn Jahren bei *Bacardí Rum* anfing, waren von der romantischen Epoche Don Facundos nur noch die Geheimformel und die alten Eichenfässer übrig geblieben, die, sobald sie geleert waren, in die Lagerhalle zurückkehrten, um erneut in einen drei-, fünf-, sieben-, neunjährigen Schlaf zu fallen … Doch die Fabrik hatte sich verändert. Dort, wo die ursprüngliche Destillerie gestanden hatte, befand sich nun ein Unternehmen, dessen Kapital sich um 1920 auf sechs Millionen Pesos belief. Denn nach den harten Jahren des Krieges von 1895 schickten sich die Bacardís an, die endgültige Schlacht um die Etablierung ihrer Marke zu schlagen, und in erstaunlich kurzer Zeit eroberten sie, zweifellos aufgrund der Qualität ihres Produktes, den nationalen Markt und überschritten sogar die Grenzen zu den Vereinigten Staaten und nach Europa.

Der steigende Absatz gestattete es ihnen, die Produktion zu modernisieren und zu diversifizieren, und während die Lagerhalle erweitert wurde, um Jahre später eine noch höhere Rumproduktion zu ermöglichen, weihte der Bacardí-Moreau-Clan, der sich inzwischen zu einem veritablen Trust entwickelt hatte, 1927 die Bierbrauerei *Hatuey* ein und eröffnete zwei Jahre danach in Mexiko die erste *Bacardí*-Niederlassung im Ausland. Eine Investition zog die nächste nach sich, und der Aufstieg des Konzerns schien unaufhaltsam: 1936 wurde die Fabrik in Puerto Rico gebaut, während sich das Mutterhaus immer mehr veränderte. Nach und nach entstanden eine moderne Destillerie mit Tausenden von Fässern, ein Lager mit einer Kapazität für bis zu fünf Millionen Gallonen und eine Flaschenfabrik, eine Eisfabrik sowie ein eigenes Kraftwerk, dazu mehrere Eisenbahnwaggons für den Transport der Produkte. Aus dem Samen, den Don Facundo 1862 gesät hatte, war in den Vierzigerjahren des 20. Jahrhunderts ein üppiger Wald geworden.

»Aber ausgerechnet 1928 lief es wirtschaftlich nicht sehr gut«, erinnert sich Francisco Ayala. »Durch die Prohibition in den Vereinigten Staaten war *Bacardí* der größte Markt verschlossen. Es war so, als würde man auf etwas warten … bis schließlich das Gesetz aufgehoben wurde und wieder Rum verkauft werden durfte. Und da begann die ›Zeit der Misshandlung des Rums‹, wie sie die Leute nannten. Das Problem war, dass *Bacardí* bis 1933 oder '34 immer noch wie in den alten Zeiten arbeitete. Zuerst Don Emilio, der Patriot, dann Facundito, Enrique Schueg und Toten Bacardí, einer der Neffen, alle hatten sie die Arbeiter behandelt, als gehörten sie zur Familie. Doch die alten Bacardís starben langsam weg, die Fabrik musste die Produktion steigern, mehr abwerfen, und die jungen Bacardís hielten sich nicht mehr an das Beispiel ihrer Vorfahren. Es gab Probleme mit den Arbeitern, die mit Streik und Sabotage drohten, und weil den Eigentümern nicht daran gelegen sein konnte, sich mit uns anzulegen – denn das hätte noch mehr Verlust bedeutet –, holten sie aus Puerto Rico einen gewissen Pepín Bosch, Schuegs Schwiegersohn. Ein vornehmer Mensch, fast ein Künstler, würde ich sagen, der aber eine Menge von Geschäften verstand. Pepín Bosch wurde zum Geschäftsführer ernannt, und die Situation verbesserte sich ein wenig für die Arbeiter, vor allem aber für das Unternehmen. Es lief besser denn je, denn Pepín war ein Finanzgenie und wusste jeden Centavo richtig einzusetzen …

Unter der Leitung von Pepín Bosch streckt also die Firma *Bacardí Rum* ihre Fühler nach Ländern aus, die kurz zuvor noch unvorstellbar gewesen waren. Es werden Handelsniederlassungen gegründet in New York, Belgien, der Schweiz, Holland, Norwegen, Hawaii, Panama, Venezuela, Guatemala, Finnland und sogar im Libanon und im fernen Korea. 1950 wird in Cotorro, ganz in der Nähe von Havanna, die Brauerei *Modelo* eröffnet und fünf Jahre später *Manacas* in Las Villas. 1957 wird eine weitere Destillerie in Mexiko eingeweiht, und 1958 nimmt eine neue Fabrik in San Juan de Puerto Rico ihren Betrieb auf, wodurch die dortige Produktion auf viertausend Kisten täglich verdoppelt wurde … Das System Bosch bestand darin, das Ansehen und die Qualität des Rums von *Bacardí & Co.* als Galionsfigur für die neuen Unternehmen zu benutzen, und der Verkaufserfolg war dann auch so groß, dass zwei neue Fabriken gebaut werden konnten, eine in Philadelphia in den Vereinigten Staaten und eine weitere in Recife, Brasilien. Inzwischen gingen die Gewinne in die Millionen: 1954 belaufen sie sich allein in Santiago auf mehr als eine Million Pesos für die Bierbrauerei, fast 800 000 für die Rumfabrik und weitere 26 000 für die Eisfabrik (in einer Zeit, als der kubanische Peso eins zu eins zum Dollar gehandelt wird). Und das wichtigste Geheimnis dieser Produktionsleistung waren die Arbeiter. Sie fühlten sich glücklich und zufrieden: Bei *Bacardí Rum* in Santiago de Cuba zu arbeiten, war ein großes Privileg.«

»Und die Geheimformel von Bacardí, Ayala?«

»Seit ich hier angefangen habe zu arbeiten, habe ich von dieser Geheimformel gehört, und natürlich habe ich auch das Geheimzimmer gesehen, ein winziges Labor, das außer den Bacardís nur die Braumeister betreten durften. Aber ich war immer schon neugierig und ein guter Beobachter, und ich habe mir gesagt: Ich werde auf eigene Faust Nachforschungen betreiben. Als Erstes entdeckte ich, dass jeder Rum eine spezifische, unveränderliche Mischung aus verschiedenen Rumsorten und gereiftem Schnaps ist. Außerdem fand ich heraus, dass die Qualität eines guten Rums auf gutem Schnaps und dessen Qualität wiederum auf gutem Zuckerrohrsaft beruht. Und der Saft der Plantage Algondonales war hervorragend, denn er war sehr zuckerreich. Etwas jedoch fehlte mir noch: die Essenz, deren Zusammensetzung in dem Geheimzimmer ausgetüftelt und beschlossen wurde. Und obwohl ich schließlich sogar die Komponenten dieser Essenz in Erfahrung bringen konnte, gelang es mir weder, hinter die Mischverhältnisse zu kommen, noch, etwas über das Produkt herauszufinden, das aus Frankreich bezogen wurde und dem Rum den letzten Schliff gab. Und dieses Geheimnis nahmen die Bacardís mit ins Exil, als die Fabrik verstaatlicht wurde.«

»Aber wie war es dann möglich, dass man weiterhin einen Rum von höchster Qualität herstellen konnte?«

»Ganz einfach: Die Bacardís haben nicht an alles gedacht. Als sie aus Kuba fortgingen, blieben Alfonsito Matamoros und Mariano Lavigne in der Fabrik zurück, die Braumeister, und auch Humberto Corona, der Produktionschef, und die kannten das Geheimnis der Essenz.«

Die Geheimnisse von Bacardí (II)

Wenn es einen berauschenden Geruch auf der Welt gibt, dann ist es der in dieser Rumfabrik. Er ist süßlich und kräftig und natürlich sehr angenehm. Doch vor mehr als vierzig Jahren spielte sich an diesem Ort ein Drama ab, das über die Zukunft des besten Rums der Welt entscheiden sollte. Nachdem das Unternehmen verstaatlicht war, hauten die ehemaligen Besitzer mit einem Trumpf in der Hand ab. Aber Alfonsito Matamaros (nicht so berühmt wie sein Bruder Miguel, der größte Son-Musiker Kubas, aber deshalb nicht weniger wichtig), Mariano Lavigne und Humberto Corona beschlossen, in Kuba zu bleiben und durch ihr Wissen dazu beizutragen, dass der Rum weiterhin produziert werden konnte.

Es waren angespannte Tage voller Erwartung und berechtigter Angst, denn zum ersten Mal in hundert Jahren wurde ohne die Anwesenheit eines Bacardí produziert. Doch als die Koster den neuen Rum probierten, ihn noch einmal probierten und langsam mit dem Gaumen prüften, nickten alle mit den Köpfen: Ja, dies hier war nach wie vor der beste Rum des Universums … *Bacardí*, nun in *Ron Caney* umgetauft, hatte nicht nur den Namen gewechselt, sondern auch den Besitzer. Dennoch sollten die ersten Jahre alles andere als einfach werden, und nur die Hartnäckigkeit des Produktionsleiters Humberto Corona verhinderte das endgültige Scheitern des Unternehmens, denn er stellte sich dem revolutionären Ansinnen entgegen, die Rumproduktion verdoppeln zu wollen. Dieser ökonomisch auf den ersten Blick einleuchtende Plan hätte den vorzeitigen Ausverkauf des alten Rums bedeutet; aber Humberto Corona weigerte sich, auch nur einen Liter mehr als vorgesehen herauszurücken, und rettete so die Zukunft von *Ron Caney,* dem Unternehmen in Santiago de Cuba, von wo auch heute noch der beste Rum, den menschliche Lippen je gekostet haben, in die Welt verschickt wird.

»Die Geheimnisse von Bacardí?« Ingenieur José Navarro, Leiter der Destillierabteilung, setzt ein spöttisches Grinsen auf, das einem Angst machen kann. »Die Geheimnisse?«, wiederholt er, immer noch grinsend. »Also, hier gibt es kein Geheimnis … obwohl, ja doch, es gibt eins: das Geheimnis, gut zu arbeiten. Das war das große Geheimnis von *Bacardí* und ist auch das von *Ron Caney.* Eine strenge technologische Disziplin, die die Qualität des Produktes garantiert. Es ist ganz einfach: Wenn der Schnaps nicht nach den festgelegten Parametern veredelt wird, kann daraus später kein guter Rum werden. Nach kubanischer Tradition wird Schnaps von einem Ethanolgehalt zwischen 74 und 76 Prozent hergestellt, und das darf nicht durch Vermischungen von, sagen wir, 85- und 65-prozentigem Ethanol erreicht werden, weil dann nämlich die aromatischen Komponenten nicht mehr stimmen. Und außerdem muss der Alkohol neutral und hochfein sein, denn sonst bekommt der Rum eine zu starke Note.

Darauf folgt die Lagerung des Schnapses. Wenn wir den besten Rum der Welt produzieren, dann deshalb, weil wir achtzehn Monate alten Schnaps verarbeiten, den wir aus Mischungen von ein- und dreijährigem erhalten. Diese historische Vorgehensweise wurde von Bacardí selbst festgelegt, und wir haben sie nicht verändert. Danach wird der Schnaps sorgfältig gefiltert oder ›gereinigt‹, wie wir sagen, wodurch er seinen unangenehmen Geruch verliert.

Jetzt kann Rum hergestellt werden. Unserer wird aus gefiltertem, gereinigtem Alkohol und Schnaps von höchster Qualität gewonnen. Aus dieser Mischung entsteht die Rum-Basis, die einen Reifungsprozess von sechs Monaten bis neun Jahren durchläuft, je nachdem, wofür er verwendet werden soll. Für *Carta Blanca* wird kein alter Rum genommen, für *Oro* ist es mittelalter, und für den *añejo* verwendet man *veteranos*. Und genau darin besteht das Geheimnis: sich diszipliniert an diesen Zyklus halten, den Facundo Bacardí vor mehr als hundert Jahren festgelegt hat – ein Prozess, der bis zu neun Jahre dauern kann –, und für das arbeiten, was in einer manchmal fernen Zukunft verwirklicht werden soll.

Auch in der modernen Produktion hängt alles von dem jahrelang gelagerten alten Rum ab. Keine Fabrik kann es sich heutzutage leisten, Rum reifen zu lassen, um ihn nach neun Jahren kommerziell zu verwerten. Das ist ganz einfach nicht zu bezahlen, und aus diesem Grund kann keine der Fabriken, die Bacardí außerhalb von Kuba gebaut hat, einen Rum wie den unsrigen produzieren, denn nur hier lagern jene 50 000 Fässer mit ihrem alten Rum. Du siehst, um einen guten Rum herzustellen, gibt es kein Geheimnis, nur Disziplin, Tradition, Sorgfalt und Reserven.«

»Und die Essenz, Navarro?«

»Sieh mal, all das mit der geheimnisvollen Essenz und der Formel, die der französische Weinhändler Don Facundo anvertraut hat, ist Teil eines Mythos, der seinen Ursprung in einer unbekannten Fabrikationstechnik hat, die als Köder für den Verkauf diente, als das Unternehmen größer wurde, obwohl es um nichts anderes geht, als den Rum nach den Regeln zu produzieren, die ich gerade erklärt habe … Nein, es gibt keine geheimnisvolle Essenz, sondern nur ein paar unbedeutende Tropfen eines Bittermandelextraktes, die, wie die alten Fabrikanten behauptet haben, dem *Bacardí* den besonderen Pfiff verleihen sollen. Aber wie ich in der Praxis bewiesen habe, beruht seine Einzigartigkeit nicht darauf. Ich habe den Test mit einem Rum ohne die Essenz gemacht, und es hat sich herausgestellt, dass nicht einmal die besten Koster ihn von dem Rum unterscheiden konnten, dem die Essenz beigefügt war.«

»Dann gibt es also kein letztes kleines Geheimnis?«

»Nein. Der Rum, der heute von *Ron Caney* produziert wird, ist der beste der Welt, weil ihm nichts Künstliches beigemischt ist, und wegen der Qualität des kubanischen Zuckerrohrsaftes, wegen des strengen technologischen Prozesses bei der Fabrikation des Schnapses und des Alkohols, wegen der genau eingehaltenen, immer gleichen Mischverhältnisse und wegen des alten Rums, den nur wir besitzen. Vergiss geheimnisvolle Essenzen und Geheimformeln, vergiss vorbeifahrende Züge und Wunderquellen. Und wenn du willst, mach die Probe aufs Exempel: Trink einen Schluck von diesem Rum …«

Im Land der wandelnden Schornsteine – Die Entdeckung der Zigarre

Guillermo Cabrera Infante

In *Frankensteins Braut* sieht man den sinistren Dr. Pretorius, Mephisto dieses Films, aber ein alter Genießer, wie er in einer riesenhaft sich wölbenden Krypta tief unter dem Friedhof auf den Ländereien des Barons zu Abend speist. Eine große, säuberlich gestärkte und blütenweiße Serviette in seinen hohen Kragen gesteckt, benutzt der pedantisch-adrette alte Gelehrte einen leeren Sarg als Tisch – aus dem seine Handlanger soeben den wunderschönen Leichnam der Dorfjungfrau gezogen haben. »Das arme schöne Ding!«, rief der erste Totengräber, als wärs die Leiche Ophelias. »Ich hoffe, ihre Beine sind auch fest«, sagte Dr. Pretorius skeptisch. Diese Unsicherheit stieg in ihm auf, als er, schon im Gedanken an sein Abendessen, die stillen fahlen Gliedmaßen betrachtete … es war ihm nach Huhn. Dr. Pretorius winkt sie seufzend fort und setzt sich bei Kerzenlicht zu seinem erlesenen Mahl, das er mit einem ausgesuchten und korrekt temperierten Mosel herunterspült.

Erst, als er ruhig seinen Kaffee (ohne Milch, ohne Zucker) trinkt, bemerkt der nekrophile Alte, dass das Ungeheuer sich in seinen Gesichtskreis drängt. Rasch nähert sich das Monster: eine ragende, massive Drohung. Unbekümmert bietet Dr. Pretorius dem von Menschenhand erschaffenen Wanderer ein von Menschenhand erschaffenes Wunder an: »Nehmen Sie eine Zigarre?« Er hat auch gleich ein Geständnis hinzuzufügen: »Es ist meine einzige Schwäche.« Doch der missgebildete Humanoid ist selbst keine Jungfrau mehr: Er grüßt den Doktor, indem er ihn mit Rauch anredet, obwohl er ihn noch nicht kennt. Trotz einer atavistischen Angst vor dem Feuer hat das Monster erst vor Kurzem seine erste Zigarre geraucht. Tatsächlich scheint es, als ob ihm in letzter Zeit plötzlich jedermann Zigarren anbietet. Hängt das damit zusammen, dass er durch eine zweite Geburt entstanden ist? Wie auch immer, er hat sichs bei einem Einsiedler in einer früheren Episode des Films angewöhnt: Der spielte *Ave Maria* auf seiner Geige, das Monster weinte. Später wurde er auch wer, indem er eine gute Zigarre zu schätzen wusste. Der von Baron Frankenstein zusammengebaute Mann paffte entzückt seine Havanna und war unversehens zum nicht zu unterschätzenden Connaisseur geworden: »Gut! Gut!« Das ist – selbst unter Leichen – *savoir vivre.*

Diese beiden kurzen Szenen aus einem sehr glücklich entworfenen Film enthalten die gesamte Geschichte der fünfhundertjährigen Beziehung zwischen dem europäischen Gentleman und seinem Rauchzeug. Und es fing alles in der Neuen Welt an, wo Rauchen nichts für Gentlemen war, sondern etwas für Zauberer und für den amtierenden Indianerhäuptling, den, der die Federn anhatte. Wie fast alles in Amerika begann es mit Kolumbus. Was die Zigarren angeht, so gebührt auch hier der Ruhm oder die Schande Kolumbus. Diese dubiose Leistung vollbrachte er schlicht dadurch, dass er in jenem Morgendämmer der Geschichte und der Erdkunde nachmittags, im Oktober 1492, auf amerikanischem Boden an Land ging. Es war, genau genommen, schon der zweitbeste Versuch, der Großadmiral hatte so seine kleinen Schwierigkeiten, und diesmal hielt er Kuba für Cipango – oder war es Cathay? Dieser Seemann, der nicht richtig segeln konnte, wusste es nicht zu sagen; er konnte ja nicht einmal schwimmen! Er war, offen gesagt, nur wegen des Geldes hier. Des Goldes.

Nicht viele meiner Leser werden jedoch wissen, wie viel Kolumbus zwei unbedeutenden spanischen Matrosen namens Rodrigo verdankte (im Mittelalter hieß in Spanien jeder Zweite Rodrigo, und jede Zweite Ximena). Es war Rodrigo de Triana, der als Erster vom Mastkorb der *Santa María* aus Amerika wirklich erblickte. Das spanische Flaggschiff war zu Ehren der Jungfrau Maria von Kolumbus umbenannt worden. Vorher hatte man die Karavelle als *Marigalante* gekannt, die *Flotte Marie,* nach einer *mujer mala,* einem Strichmädchen am Hafen in Puerto de Palos. Kolumbus half ihr, ein neues Leben anzufangen.

Eine Entdeckung, von einem Schiff aus betrachtet, ist einer Havarie recht ähnlich. Entsprechende Verwirrung herrschte an Bord der *Santa María,* als Kolumbus Amerika entdeckte. Ein noch sehr junger Rodrigo de Triana rief vom Toppmast herunter: »Land oh!« – »›Land ho!‹ heißt das, nicht ›Land oh‹!«, tadelte Kolumbus. »Oh!«, sagte Rodrigo. »Ich meine – ho!« Die *Santa María* war im Nu wieder zur *Marigalante* geworden, die Hölle war los, auf dem ganzen Schiff ging es zu wie auf einer Hafennutte. Pinzón, Kolumbus' stets zu Scherzen aufgelegter Steuermann, warf sogar das Bugspriet über Bord – mit den Worten: »Na denn!« Kolumbus starrte ihn wütend an, blieb aber stumm. Pinzón hatte keine Erklärung für sein Verhalten, jedoch ein Zitat: »Oft hat sich das Bugspriet ins Ruder geschoben / Das passiert ziemlich oft auf der Fahrt in den Tropen.« Der Großadmiral schien sich zu beruhigen und fragte nach diesem schnarkischen Hinweis nur noch gelassen: »Was nimmst du denn jetzt als Anker?«

Rodrigo de Xeres (dessen Familienname bedeutet, dass er

aus Jerez kam, wo man Sherry macht – insofern ein geborener Connaisseur) wurde von Kolumbus ins Landesinnere geschickt, um sich nach Gold umzuschauen. De Xeres kam ohne Nuggets zurück (die im Spanischen den lustigen Namen *pepitas* führen), aber mit einer erstaunlichen Nachricht: Er hatte das Land der Schornsteinmänner entdeckt. Der *was?* Männer, die sich für Schornsteine halten; rauchende Menschen. Kolumbus war sehr von de Xeres enttäuscht. Nicht nur war der Mann völlig unfähig, irgendwelches Gold zu finden, wie das Marco Polo vorgemacht hatte, nun kam er auch noch mit dieser bizarren Geschichte zurück. Äußerst glaubhaft! Was sollte er nun König Ferdinand sagen? »Mein Kundschafter war ein wenig zu lang in der Sonne.« Zu viel Amontillado … Aber de Xeres erklärte ihm ernsthaft, dass die Wilden, die er gesehen hatte, wirklich wie die Schornsteine rauchten. Wohin sie auch gingen, überall trugen sie ein braunes Rohr mit sich, das an einem Ende brannte. Das andere Ende steckten sie sich in den Mund, um dann anscheinend eine Weile daraus zu trinken. Anschließend rauchten sie aus Mund und Nasenlöchern. Und es schien ihnen Spaß zu machen! Das Rohr pflegten sie mithilfe eines ihnen müßig folgenden Dieners zu entzünden, der einen brennenden Kienspan trug. Sehr ungewöhnlich, mein Herr. Exzellenz, meine ich … Großadmiral! Und Kolumbus, der schließlich ein Mann der Frührenaissance und deshalb sehr neugierig war, beschloss, dem Land der wandelnden Schornsteine einen Besuch abzustatten, das de Xeres To Bago nannte. Stattdessen kam er zu einem Indianerdorf, das die Eingeborenen Gibara nannten. Das ist ein Arawak-Name, dessen Wurzel auch auf anderen Inseln der Karibik und in Südamerika zu finden ist: *jibaro, jibarito,* Jivaroindianer. Kolumbus gab ihm gleich einen anderen Namen: Puerto de Mares – Hafen der Brandung, oder, wie gewisse Gelehrte meinen, Fluss der Meere.

Der Admiral ging an Land, um dort mit eigenen Augen zu sehen, was de Xeres zuvor mit den seinigen gesehen hatte. Was er sah, ist von dem freimütigen Mönch Bartolomé de Las Casas am besten beschrieben worden, dem die Menschheit, wie Borges meint, so viele Plagen verdankt. Um nur einige zu nennen: den Amerikanischen Bürgerkrieg, die Ermordung Lincolns, *Onkel Toms Hütte,* Huckleberrys Floßfahrt mit Nigger Jim den Mississippi hinunter, Faulkners Romane, Black Power, Afrofrisuren, kubanische Musik, den Tango und All That Jazz. Der fromme Frater, den die Leiden der Indianer unter der spanischen Herrschaft entsetzten, hatte dem König empfohlen, an ihrer statt Afrikaner leiden zu lassen. Wie durch schwarze Magie hatte der Mönch die Sklaverei in Amerika erschaffen.

Doch das liegt in der Zukunft. Jetzt, da die amerikanische Vergangenheit gerade historische Gegenwart werden will, erzählt Pater de Las Casas noch einmal die Geschichte, wie Kolumbus den Tabak entdeckt hat, ohne sich das Rauchen anzugewöhnen. In seiner *Geschichte der Indischen Länder* sagt er über diese durch den Urwald fegenden Schornsteinmenschen: »Alle Männer trugen eine Fackel« (merkwürdige Vorerinnerung der Freiheitsstatue), »deren Inhalation sie wie die von Weihrauch sogen. Einige trockene Kräuter wurden in ein trockenes Blatt eingeschlagen und zu etwas gerollt, was sehr jenen kleinen Musketen gleicht, welche Knaben am Osterfest aus Papier sich machen, um sie dann an einem Ende zu entzünden. Vom anderen Ende sogen oder zogen oder nahmen sie mit jedem Atemzug eine Art Rauch, von dem man sagt, er schläfere das Fleisch und mache einen beinahe trunken in solcher Weise, dass man nie müde wird. Diese ›Patronen‹ oder wie auch immer nennen die Indianer *tabacos.*«

Las Casas schrieb diese Schilderung vierzig Jahre nach

der Tat (Achtung! Aufnahme! *Europäische Gentlemen sehen jemand rauchen,* die Erste), und vierzig Jahre waren damals mehr als ein Jahrhundert unserer Zeit, wegen chronischer Inflation seither. Alexander Exquemelin hat aber beinahe dreihundert Jahre später in seinem Buch über *Die Amerikanischen Seeräuber* eine ähnliche Szene beschrieben: »Aus unzerschnittenen Tabakblättern drehen die Eingeborenen (in Kuba) kleine Rollen wie längliche Flintenkugeln, welche die Spanier *gigarros* nennen und die man ohne Pfeife raucht.« Die Musketen sind nun Kugeln geworden. Eine Verbesserung in der Technologie der Feuerwaffen oder besser gerollte Zigarren? Tatsächlich sah Kolumbus diesen kleinen kubanischen Rauchentwicklungsapparat einfach als eine weitere Attraktion des vor Kurzem eröffneten großen Jahrmarkts Amerika. Noch nicht ganz Amerika: Dazu werden wir dann einen Mann namens Amerigo brauchen. Der Großadmiral war davon überzeugt, dass er im Orient sei (eine grausame Ironie wollte es, dass er sich tatsächlich in der kubanischen Provinz Oriente befand) und dass das »Land, wo Gold geboren wird« nicht weit sein konnte. Die Eingeborenen mussten das wissen. Der Admiral des Großen Ozeans wedelte die dichten Rauchwolken zur Seite, um einen der rauchenden *brujos* zu fragen, ob er wisse, wo das Land des Goldes sei. Kolumbus, ein genialer Raffke und Impresario (im Hollywood der Dreißigerjahre wäre er einer der großen Tycoons gewesen, vielleicht der Chef von Columbia Pictures), hatte seinen eigenen Dolmetscher dabei. Er wollte sich nicht auf unzuverlässige Zwischenträger verlassen müssen. Einer von Kolumbus' Dolmetschern war Luis de Torres, ein Marrane, der Hebräisch, Arabisch und – nach Las Casas – sogar Chaldäisch konnte! Wahrscheinlich bedeutete dies Letzte, dass Torres, ein Konvertit, der Xeres auf seiner Expedition begleitete und mit ihm auf den Tabak stieß, ein Wahrsager war, der in Zungen redete. Oder vielleicht wollte der große Entdecker gelegentlich noch eine kleine Zeitreise einschieben.

Kolumbus empfand beim Anblick des seltsamen Gerätes, mit welchem der Medizinmann Wolken über die Versammlung hängte, sofort tiefes Misstrauen. Konnte er auch Regen machen? Ein Fruchtlosigkeitsritus. Und außerdem sah das Ding tatsächlich wie eine Muskete aus! Der admirable Admiral nahm de Xeres zur Seite und fragte besorgt: »Seid Ihr sicher, dass da nichts passiert?« Ob er befürchtete, in die Luft gesprengt zu werden? De Xeres wollte gerade zu einer Erklärung des Sicherheitsventils im Munde des *brujo* ansetzen, aber dann sagte er nur knapp und respektlos zu seinem Vorgesetzten: »Eine Zigarre, die explodiert? Lächerlich!« Vielleicht. Doch Seine Exzellenz der Entdecker ließ sich von niemand etwas vormachen, und als der Medizinmann seinen Mund öffnete und kein Rauch daraus hervorkam, wusste er: Jetzt war der Zauberer bereit, vom Gold zu reden. Kolumbus schob seinen Dolmetscher zur Seite und wurde sein eigener Übersetzer. »*Cubanacan*«, sagte der Schamane hinter seinem Rauchvorhang, und Kolumbus hüpfte wie eine aus ihrem Loch herausgeräucherte Eidechse. »Khubana Khan! Da haben wirs! Ihr habt es gehört! Meine Herren«, er wandte sich zu seinen Männern (mit der ihm eigenen Höflichkeit nannte Kolumbus den Abschaum von sieben spanischen Provinzen, den er nach Amerika mitgenommen hatte, stets: Herren), »meine Herren, wir sind in dem Lande, wo die Brüder Polo abgesahnt haben. An ebendiesem Ort wurde Gold geboren!« – und »Gold« klang bei seinem stark italienischen Akzent wie »Gott«. Dann ging er hastig in schwerem Goldrausch davon und erfuhr so nie, dass der *brujo* tatsächlich Taíno, einen Arawak-Dialekt, und kein Chinesisch sprach. Der rauchende alte Herr hatte mit »Cubanacan« lediglich die »Mitte Kubas« gemeint, einer Insel, die damals so weit von China wie heute von Russland entfernt ist.

Kolumbus fand außer drei, vier *pepitas* nie Gold auf der Insel, welche er Juana taufte. Er sollte nie in das legendäre Land kommen, wo das gelbe Metall wie die Frucht eines langen Schweigens geboren wird. Aber seine Suche nach Gold begründete die Sage von El Dorado, und viele Glücksritter aus Europa kamen nach Amerika auf der Suche nach einer Stadt aus Gold am Ufer eines Sees aus Gold, der goldene Fluten an den goldenen Strand warf. Kolumbus hatte jedoch etwas anderes entdeckt (und ignoriert): das pflanzliche braune Gold, das *tabaco, tabac, tabaka* hieß – den Tabak. Nur wenige Jahre nach der Entdeckung würden aus lumpigen Tabakblättern riesige Vermögen entstehen. In der Neuen Welt wie im alten Europa (und in Asien) wurde ungezählter Reichtum zum Kauf von Tabak ausgegeben – nur, damit man ihn in Rauch aufgehen sehen konnte.

Nun wissen wir, dass der Tabak zuerst von europäischen Reisenden in der Neuen Welt entdeckt wurde, in der Karibik, auf einer Insel, welche die Eingeborenen Kuba nannten. Was aber nun zum Namen der Pflanze, dem unarabischen? Gonzalo Fernández de Oviedo sagt in seiner *Allgemeinen und Natur-Geschichte der Indischen Länder* (1535) mit einer gewissen moralischen Empörung, die heutzutage ganz *en vogue* klingt: »Neben noch anderen schlimmen Bräuchen haben die Indianer eine besonders schädliche Sitte: Sie atmen eine bestimmte Sorte Rauch ein, den sie Tabak nennen, um einen Zustand der Bewusstlosigkeit und des Rausches herbeizuführen. Die *caciques* (Indianerhäuptlinge) benutzten ein Rohr, geformt wie ein Y, dessen Gabelenden sie in ihre Nasenlöcher steckten, und das Rohr selbst füllten sie mit dem angezündeten Kraut. Auf diese Weise sogen sie den Rauch ein, bis sie das Bewusstsein verloren und auf dem Boden hingestreckt lagen wie Männer im Schlafe der Trunkenheit. Die sich die richtige Pfeife nicht verschaffen konnten, rauchten durch ein hohles Rohr, und dieses nennen die Indianer *tabaco,* nicht das Kraut oder seine Wirkung, wie manche meinen.«

Oviedo widerspricht sich hier selbst in Bezug darauf, was denn nun wirklich »Tabak« war, Kraut oder Rohr, aber er endet mit einer Beobachtung, die unsere Aufmerksamkeit verdient: »Sie [die Indianer] schätzen dieses Kraut sehr hoch und pflanzen es in ihren Fruchtgärten oder auf ihren Feldern zum erwähnten Zwecke an.« Oviedo ist der erste Europäer, der überhaupt erwähnt, dass Tabak angepflanzt wird. Außerdem hatte er Indianer nicht in Kuba, sondern auf Hispaniola rauchen sehen. Andere hatten es in Trinidad gesehen und auf der kleineren Nachbarinsel, die wir heute Tobago nennen. Und Oviedo war aufgefallen, was Kolumbus nicht bemerkt hatte: der Wert und der Preis des Tabaks. Ein echter Konquistador, Cortés, traf Pfeife rauchende Mayas und schnupfende Azteken. Portugiesische Reisende und Forscher fanden selbst in Brasilien und im Amazonasgebiet rauchende Indianer, wenn auch hier die Spur langsam kalt wird und schließlich verschwindet. In Kolumbien und Peru standen die Indianer auf Coca, in Uruguay und Argentinien tranken sie Mate wie die Chinesen Tee. Noch weiter südlich saßen die patagonischen Indianer in Tierra del Fuego: Feuerland, aber sehr wenig Rauch. Jacques Cartier jedoch, der französische Seefahrer, sah Indianer in Kanada etwa im Jahre 1535 rauchen. Die Pfeifen, welche die Sioux, die Cheyenne und andere Stämme der heutigen Vereinigten Staaten im 18. und 19. Jahrhundert als Zeichen des Friedens rauchten, sind ebenso bekannt wie die Rauchzeichen der Apachen auf dem Kriegspfad. Dieses Wissen verdanken wir natürlich dem Kino. Aber wie kam die Angewohnheit des Rauchens aus Amerika nach Europa? Nun, zu Schiff, selbstverständlich.

Der englische Historiker Hugh Thomas schreibt in seiner *Unvollendeten Geschichte der Welt* im Zusammenhang mit der Syphilis: »Diese Krankheit … war in Europa vor 1492 unbekannt, als Kolumbus sie zusammen mit dem Tabak von Kuba zurückbrachte.« Lord Thomas (ein Nichtraucher) folgt hier der Theorie, die von vielen amerikanischen Historikern als falsch zurückgewiesen wird, dass die Geschlechtskrankheit Syphilis dadurch nach Europa kam, dass sich Spanier bei kubanischen Indianern ansteckten. So verbinden sich zwei moderne Seuchen, Lungenkrebs und Syphilis, mit der Entdeckung Amerikas. Das neu entdeckte Paradies erscheint sogleich als Hölle. Thomas schreibt, die von Kolumbus nach Spanien importierten Indianer seien »die ersten Syphilitiker Europas« gewesen. Wahrscheinlich waren es auch die ersten Raucher Europas. Im 18./19. Jahrhundert hieß die zweischwänzige Geißel des englischen Dandys: Syphilis und Schnupftabak. Aber der Tabak kam auf vielen Wegen nach Europa und in die Taschen und Münder der Gentlemen. Da wir gerade bei Xeres sind: Rodrigo gewöhnte sich es an und wurde, ehe man auch nur Syphilis sagen konnte, dabei ertappt – als er wieder daheim war in seinem heimatlichen Ayamonte in Spanien, entdeckte seine Frau, wie er heimlich in seinem Zimmer rauchte, im Dunkeln. Sie, ihrerseits unter dem Einfluss des finsteren Mittelalters, glaubte, er habe einen Bund mit dem Teufel geschlossen, stürzte in beträchtlicher Erregung aus dem Hause und zeigte ihren Mann beim nächsten Heiligen Offizium der Inquisition an – jener neuen, höchst virulenten Waffe Gottes gegen das Böse. Der leicht entflammbare de Xeres bestieg den Scheiterhaufen und wurde so zur menschlichen Zigarre.

Christopher Marlowe, der außergewöhnliche Dichter und Dramatiker, war bald der erste Mensch, der in einem Theater rauchte (während der Aufführung eines seiner eigenen Stücke, wahrscheinlich *Doktor Faustus*). Er hat den besten Werbespruch für den Tabak verfasst: »Wer nicht den Tabak und die Jungs liebt, ist ein Narr.« Die altertümliche Orthografie des Satzes im Original hinderte die elisabethanische Öffentlichkeit nicht daran, den Sinn zu begreifen, und der Kunde, der den Slogan bestellt hatte, war glükkelich.

Marlowe war nicht der einzige Dichter, der junge Männer und Tabak besang. Aber heute wie zu Marlowes Zeiten wäre es wahrscheinlich besser, sich auf die Jungs zu beschränken. Es ist keinesfalls gesünder, aber wenigstens raucht man nicht, wenn es einen erwischt. Ein Dichter, der die Jungs wie auch die Mädels liebte, ein Romantiker, der gut zweihundert Jahre nach Marlowes Tod lebte, hat präzise ausgedrückt, welche Unterschiede die Liebe zum Tabak machen wird. »Sublimer Tabak«, begann Byron, der das Kraut als göttlich in der Hookah, herrlich in der Pfeife, lobte, um dann mit der Pointe zu schließen: »Sosehr du mich in diesen Formen reizt, ich harre der nackten Schönheit – zeig dich als Zigarre!«

Man beachte die Steigerung: Der Tabak wirkt reizend, die Zigarre wird geliebt. Die Metamorphose vollzog sich zwischen der Zeit, als der legendäre Walter Raleigh das Kraut aus einem realen oder imaginären Virginia nach England brachte (es folgte das Zeitalter der Prise, als Schnupftabak alles war), und dem Zeitpunkt, als Byron alles war: Aristokrat, Poet, Liebhaber, Dandy, Mythos. In dieser Zwischenzeit lernte Europa von den Spaniern aus Übersee (die nun eigentlich keine Spanier mehr waren), wie man Zigarren raucht, und bald sollten alle eine neue Form des Rauchens kennenlernen, von der Pfeife ebenso verschieden wie die Zigarre. Man würde das die Zigarette nennen.

Es ist ein strittiger Punkt auf der Karte der Neuen Welt, ob die Zigaretten aus Mexiko oder Kuba stammen (wahrscheinlich aus Spanien). Aber gewiss rauchte man Zigarren in Kuba, ehe Kolumbus je eine Zigarre sah und Gold interessanter fand als Tabak. Es besteht kein Zweifel, dass es sich um eine eingeborene Pflanze handelte – in höherem Maße eingeboren als die Eingeborenen selbst, auch Rothäute genannt. Die Zigarren hießen einst Braunhäute, und »Havanna« ist der Name der Farbe des echten kubanischen Blattes.

Jedenfalls verwandelten die Europäer, die den Tabak entdeckten, den ungefügen Rauchapparat – »Musketen aus Papier«, also wirklich! – in jenes Kunstwerk, das die Zigarre darstellt. Die Verwandlung fand in Kuba statt, war aber in erster Linie das Werk von Spaniern. Sie nahmen den Tabak, der für die Indianer *una santa cosa,* eine heilige Sache war, auf den Rückfahrten mit nach Europa, wo er sich rasch verbreitete. In Europa aber galt die Zigarre als Genuss für die Mußestunden des Gentleman, wie einst der Pfeifentabak und das Schnupfen. In Amerika (vor allem in Kuba, aber auch in den Vereinigten Staaten) rauchte jedermann, als ob es nichts weiter wäre – wie T. R. Marshall, der ansonsten vergessene achtundzwanzigste Vizepräsident der Vereinigten Staaten von Amerika, auf die Frage, was dieses Land brauche, antwortete: »Was dieses Land braucht, ist eine gute Fünf-Cent-Zigarre.« Das hing damit zusammen, dass Kuba sich damals in der Nähe der Vereinigten Staaten befand und die Havannas dort billiger waren als irgendwo sonst.

Vor einigen Jahrzehnten wurde die Ansicht, dass die Zigarre – wie die Blondine – bevorzugt etwas für Gentlemen sei, durch den Anblick von Fidel Castros martialischem Gesicht und Che Guevaras hübschem Kopf widerlegt, die beide in alten US-Arbeitsuniformen daherkamen, umhüllt von qualmenden Bärten und beide mit dicken, stinkenden Zigarren. Das, Gentlemen, waren keine Gentlemen. Also konnte man selbst in den Sierras von Kuba Tabak anbauen und Zigarren rauchen. Man konnte es sich sogar in den Bergwäldern erst angewöhnen: Ehe er als Guerillero in Kuba landete, war Che

Guevara ein asthmatischer argentinischer Arzt, der eine Zigarre nicht mit der Feuerzange angerührt hätte. Er empfiehlt auch tatsächlich in seinem Handbuch für den Guerillakämpfer die Pfeife als das ideale Rauchutensil im Kriege – leicht zu transportieren, leicht zu rauchen, leicht zu verbergen und vom Feind schwer wahrzunehmen. Che Guevara fing an, Zigarren zu rauchen, als ihm klar wurde, dass in Kuba eine Pfeife derart *gringo* wirkte, dass man sie sogar *cachimba* nannte, die weibliche Form zu *cachimbo* – so hießen die sechsschüssigen Revolver im Wilden Westen.

Wenn Ohrfeigen in der Luft liegen – Schach auf Kubanisch

Héctor Zumbado

Schach war ein nüchternes, ernstes, stilles Spiel. Zwei Typen sitzen sich gegenüber und meditieren in langem Schweigen. Schach ist immer ein schweigsames Spiel gewesen. Über Jahrhunderte. Seit es Susa oder Sissa irgendwo in Indien (schweigend) erfunden hat. Es kam nach Arabien (in arabischem Schweigen), wurde im 9. Jahrhundert in Spanien eingeführt (leise) und fiel in Europa ein (sanften Schrittes, ohne den geringsten Lärm).

Schach war immer ein stilles, schweigsames, in sich gekehrtes, gelassenes Spiel …

Nun gut. Bis es in Kuba populär wurde. Plötzlich gewann Schach an Lautstärke, Farbe, Leben, Getöse, Großtuerei, Salsa und Sandunga. Es wurde vom kreolischen Wesen erfasst. Vor allem das Vokabular. Jenes klassische, akademische, feierliche Vokabular wurde aufgefrischt und entscheidend bereichert.

Und wenn Sie es nicht glauben, kommen Sie näher. Nähern Sie sich zwei Kubanern, die Schach spielen. Egal wo. Ganz gleich, ob an einer Ecke von La Lisa, in einem Park von Regla, in einer Fabrik in Luyanó oder in einem Büro an der Rampa. Kommen Sie näher, und hören Sie ihnen zu. Hören Sie sie spielen:

»Mulatte, der Läufer ist keinen Pfifferling wert. Er ist schon gefallen. Ich werde ihn mit dem Pferd wegbürsten.«

»Das ist kein Pferd, Kumpel. Das ist ein Ackergaul, den Sie da haben. Sehen Sie nicht, dass der Bauer da nichts zu melden hat? Mach schon, auf dass du kaputtgehst.«

Merken Sie es? Stimmt es nicht, dass Schach in Kuba einen besonderen Anstrich bekommt? Und es ist nicht nur das Vokabular. Es ist auch eine Frage der Einstellung. Des Mitteilens der Gefühle. Der offenen Herausforderung.

»Du bist kein Gegner für mich, Jungchen. Lass sehen, was machst du jetzt? Deckst dich mit der Dame? Ich mach dich mit dem Läufer kaputt. Und wenn du nach links gehst, du weißt schon, dann erwischt dich der Turm. Sehen Sie nicht, dass ich besser bin als Sie?«

So ist Schach in Kuba. Die Bauern sprechen, drohen, schimpfen. Die Türme stürzen sich, wild um sich schlagend, in den Kampf. Die Läufer kommen mit viel Randale von der Seite. Die Pferde wiehern und trampeln auf dem Brett herum. Die Damen äußern sich so aggressiv, als stünden sie Schlange. Und der König ist immer ein Wichtigtuer.

Das ist es. Die kreolische Wichtigtuerei. Die offene Drohung. Die direkte Provokation. Der Krawall. Die Verbalattacke. Das Schimpfwort. Die Prahlerei. Die in der Luft liegende Ohrfeige. Und am Ende das Lächeln.

»Ah, aber Sie sind wohl nicht mehr ganz bei Trost, Kumpel. Sagen Sie nicht, Sie verlieren die Nerven.«

Das ist es. Lautstärke. Farbe. Getöse. Guapachá. Und Sandunga.

Wenn das Spiel beendet ist, sagt ein Araber *schah mat,* ein Russe *shajmaty,* ein Franzose *échec et mat,* ein Spanier *jaque mate;* der Kubaner aber erhebt sich mit viel Getöse vom Tisch und sagt: »Gehen Sie mir bloß weg! Möge der Nächste besser sein, denn diesem König habe ich die Flossen gebrochen!«

Kubas tanzende Götter

Ulli Langenbrinck

Der Finger des alten Mannes deutet den Hügel von Simpson hinunter; ganz richtig, da unten findet der *toque* statt, immer die ungeteerte Straße entlang. Wir könnten es gar nicht verfehlen, doch wir sollten uns beeilen, denn gleich finge es an zu regnen, fügte er hinzu, und sein schwarzer Finger deutet nun auf die bleigrauen Wolkenberge, die sich über den einstöckigen Holzhäusern auftürmen. Die Musikethnologin Marina Rodríguez vom Forschungsinstitut Cidmuc in Havanna hatte mir ihre Hilfe und Kontakte angeboten, und so holpern wir mit einem Uralt-Lada durch Matanzas und das traditionelle Schwarzenviertel Simpson, auf der Suche nach dem Cabildo de Santa Teresa, wo an diesem Samstag eine authentische Santería-Zeremonie stattfinden soll.

Der Cabildo erweist sich als einfaches Privathaus, in dessen Hinterhof dumpfe Trommelschläge dröhnen, Frauen schleppen bauchige, mit Tüchern bedeckte Schüsseln ins Haus, es riecht nach Holzfeuer, gebratenem Huhn, Weihrauch und etwas Undefinierbarem, das mir den Magen umdreht – abgestandenes Opferblut, wie sich später herausstellt. Der Oberpriester, ein knapp fünfzigjähriger Mulatte im roten T-Shirt und beigefarbener Trevirahose, begrüßt uns und führt uns in den Patio – durch schlauchartig ineinander übergehende

Räume, in denen unzählige Menschen herumstehen, Kerzen anzünden, Kinder kämmen, sich umkleiden, rauchen oder einfach ein Schläfchen halten. Denn die Zeremonien für Changó, den Yoruba-Gott der Männlichkeit, des Blitzes und des Krieges, dauern drei Tage und Nächte; dieses ist der dritte Tag, und irgendwann muss jeder mal schlafen. Nur die Trommeln dürfen nicht schweigen, denn Changó ist ihr Herr und Meister, und der 24. Oktober ist sein Ehrentag.

Die abendliche Zeremonie hat gerade begonnen. Der Hof füllt sich mit Gläubigen; bunt gekleidete Frauen, Männer und Kinder wiegen sich langsam im Rhythmus der Trommeln, die jetzt von drei Priestern für die Gottheit Elegguá geschlagen werden, denn er entscheidet als Herr der Wege und Kreuzungen über den guten Ausgang jedes Unternehmens. Elegguá ist eine sehr unruhige Gottheit, der personifizierte Zufall, und wer ihn nicht respektiert, dem kann er üble Streiche spielen. Fast sieht es so aus, als sei Elegguá heute nicht sehr wohlwollend, denn plötzlich reißen die nachtschwarzen Wolkenberge auf und schütten tonnenweise Wasser über die Gläubigen. Priester samt Trommeln und die Tänzer flüchten ins Haus, an die hundert Menschen tanzen in zwei winzigen Räumen. Die weithin hörbaren Trommeln haben Neugierige aus dem ganzen Viertel angelockt. Sie drängen sich vor den beiden kleinen Fensteröffnungen mit den Moskitogittern. Immer mehr Menschen schieben sich in den dampfenden Raum. Sie rufen den Tanzenden Grußworte zu oder bringen Geschenke, meistens Speisen, die sie vor den Altar stellen, der im Nebenraum aufgebaut ist. Er nimmt eine ganze Wand ein. Auf fünf hohen Stufen stehen etwa zwanzig Suppenterrinen; über jede Schüssel ist zum Schutz vor neugierigen Blicken ein bunt besticktes Tuch gebreitet, denn in jeder Schüssel befindet sich eine Gottheit, *orisha* genannt, jeweils verkörpert durch einen bestimmten heiligen Stein und ein Spiel von sechzehn Muscheln oder

Meeresschnecken, mit denen der Oberpriester weissagt. Über den afrikanischen Göttern thront die Jungfrau Maria, umrahmt von grellbunten Bildern katholischer Heiliger.

Zu Füßen des Altars sind Opfergaben aufgebaut: Schüsseln voll rotem Reis mit schwarzen Bohnen, gebackenen Bananen, frittierten Bällchen aus Maniok und *yuca* und Berge voller Früchte – Ananas, Kokosnüsse, Mangos und Guaven, umschwirrt von kleinen schwarzen und dicken bläulichen Fliegen. Die giftgrünen und bonbonrosafarbigen, klebrig süßen Torten zerlaufen allmählich in der Hitze. Zwischen den Schüsseln Pesoscheine, einzelne Zigarren und reichlich Rumflaschen der Marke Metusalem. Alles steht für die hungrigen und durstigen afrikanischen Götter bereit, denen die Sklaven in Kuba ein dünnes katholisches Mäntelchen umgehängt haben. So ist etwa Gott Changó äußerlich in das Gewand der heiligen Barbara geschlüpft, die Meeresgöttin Yemayá lebt als Jungfrau von Regla weiter, und der Schicksalsgott Elegguá wurde gleich mit zwei katholischen Heiligen besetzt, mit Petrus und Antonius von Padua. Doch die Seele dieser synkretistischen Gottheiten ist afrikanisch geblieben, und deshalb haben diese Wesen zutiefst irdische Eigenschaften: Sie leben, schlafen, lieben, hassen, lachen oder weinen wie alle Irdischen. Das für die Götter aufgebaute Opferbankett werden die Gäste im Verlauf der Zeremonie verspeisen.

Schweißgebadet schlagen die drei Trommelpriester mit bloßen Händen die heiligen Trommeln *batá.* Die Trommeln sind festlich geschmückt, denn sie verkörpern die *orishas,* und gleichzeitig sind sie der Mund, durch den die Götter sprechen. Hell und hart klingt die kleinste *batá (okónkolo),* umspannt mit glänzendem hellgrünen und lilafarbenen Stoff, den Farben der Kriegsgötter Ogún und Ochósi. Fordernd und etwas dumpfer hallt die mittlere Trommel *itótele,* geschmückt mit blauem und weißem Stoff und unzähligen kleinen Spiegeln, denn durch sie sprechen die weiblichen Gottheiten: Yemayá, die Göttin des Meeres, und Ochún, die Göttin des Süßwassers.

Changó hat Anspruch auf die größte der drei *batá,* genannt *iyá,* was so viel heißt wie »Mutter der Trommeln«. Mit blutroter Seide, besetzt mit schwarzen Blitzen und weißen Hahnenkämmen, ist seine *batá* »bekleidet«. Ihr stakkatoartiger, dunkler Klang beherrscht das Zusammenspiel des Trios, markiert den immer schneller werdenden Rhythmus. Die drei *batá*-Trommler in der Ecke des Raumes bilden den Kern des Santería-Orchesters. Unterstützt werden sie von Perkussionisten, die Maracas, Chekerés, Güiros und kleine Handtrommeln bearbeiten. Alle Trommler sind Männer. Neben ihnen steht der Oberpriester, der gleichzeitig auch Vorsänger ist und den Chor dirigiert. Etwa zehn Gläubige, die Hälfte von ihnen Frauen, singen mehrstimmig gegen die Trommeln an. *»Baba-é, agua sorronso Baba-é …«*, intoniert der Oberpriester jetzt, um die Gottheit Babalú Ayé zu rufen. Chor und Gläubige antworten ihm – *»Baba-é, agua sorronso Baba-é …«* Mit einem kräftigen Schlag setzen die *batá* wieder ein. Wie eine Ballettformation bewegen sich die Gläubigen, zuerst sehr aufrecht und mit langsamen Schritten. Dann lassen sie plötzlich den Oberkörper fallen, als würden sie von rhythmischen Krämpfen geschüttelt – die Choreografie dieses Tanzes imitiert das Unheil, das Babalú Ayé, der Gott der Krankheiten, vermeiden helfen soll. Ein junger Schwarzer stößt einen kurzen Schrei aus und fällt mit starrem Blick zu Boden. Er röchelt, windet sich auf der Erde, schlägt um sich.

Sofort bilden die Tanzenden einen Halbkreis um ihn, der Oberpriester kniet murmelnd neben ihm nieder, streicht ihm über die zuckenden Arme und Beine. Zwei Männer helfen ihm, den Jungen ins Nebenzimmer zu tragen. Trommeln und Tanz haben Babalú Ayé, der wie alle *orishas* unsichtbar unter den Menschen lebt, die Tarnkappe entrissen. Der Gott der Krankheiten ist in den Körper des jungen Mannes gefahren. Nun wird der Nebenraum verschlossen. Doch nach einer Viertelstunde ist der junge Mann wieder da, bekleidet mit dem ritualen Kostüm Babalú Ayés: Er kommt in Sackleinen gehüllt, an das bunte Stofffetzen geheftet sind. In der rechten Hand hält er eine kleine Glocke, mit der er »vor der Seuche warnt«, wie Babalú Ayé (beziehungsweise der heilige Lazarus, sein katholisches Pendant) es getan haben soll.

Die Zeremonie dauert jetzt mehrere Stunden. Frauen und Männer sind in Trance gefallen, Yemayá, Obatalá und Ogún haben sich ihrer bemächtigt. Die anderen Gläubigen fangen sie auf, stützen sie, imitieren ihre Bewegungen. Dann wird der oder die Besessene hinausgeführt, um nach einiger Zeit wieder zu den Tanzenden zurückzukehren, bekleidet mit dem Kostüm der jeweiligen *orisha.*

Die Meeresgöttin Yemayá im dunkelblauen bodenlangen Rüschenkleid mit einem ebenfalls blauen Turban, unter dem einige Pesoscheine herausgucken, fächelt sich majestätisch mit einem bunten Fächer Luft zu. Die androgyne Obatalá, Schöpfer(in) der Erde und des Menschen, ist von Kopf bis Fuß in Weiß gekleidet. Der Kriegsgott Ogún schleppt auf seinem Rücken einen Sack aus Tigerfell, der mit vielen Muscheln verziert ist. Seine Kleidung ist dunkel, um die Hüften trägt er eine Art Girlande aus Palmblättern. Doch nicht alle Gläubigen haben Glück, dass eine *orisha* sich ihrer bemächtigt, deshalb wirkt die tanzende Gemeinde bald wie ein Maskenball, bei dem nur ein Drittel der Geladenen im Kostüm erscheint.

Es ist selbst dem ungläubigen Besucher kaum möglich, sich dem Klang der ekstatisch und ohne Pause geschlagenen Trommeln zu entziehen. Die *batá* lassen die Heiligenbilder an der Wand erzittern, selbst der gekachelte Fußboden scheint zu vibrieren. Der Rhythmus der Trommeln wird immer schneller, denn der Oberpriester ruft nun Changó: »*Changó mase lobi changó* …« Es ist der Höhepunkt der Zeremonie. Eine Armlänge von mir entfernt fallen zwei Männer und eine Frau in konvulsivische Zuckungen. Sie reißen die Augen auf und strecken die Zunge fast zum Hals heraus, um zu zeigen, dass sie aus reinem Feuer besteht. Die Frau taumelt auf mich zu, reißt mir die brennende Zigarette aus der Hand, stopft sie sich in den Mund und verschlingt sie, denn »*Changó come candela*«, wie die Santeros sagen, »Changó isst Feuer«.

Die drei Besessenen springen umher, werfen sich auf den Boden und imitieren die Bewegungen des erotischen Tausendsassas Changó, dessen wollüstige Potenz im Götterhimmel der Santería unübertroffen sein soll. Die Santería tanzt und trommelt weiter, es ist mittlerweile drei Uhr morgens. Todmüde und wie betäubt steigen wir in den Trecker-Lada und tasten uns über die in tiefer Dunkelheit liegende Landstraße am Meer entlang nach Havanna zurück.

Am nächsten Tag sitze ich mit dem kubanischen Schriftsteller und Ethnologen Miguel Barnet beim Mittagessen. Sorgfältig schneidet er sein Schweineschnitzel in mundgerechte Stückchen, zerrupft das Spiegelei, mischt alles unter den Reis, hebt ein paar Süßkartoffeln und den Salat mit darunter, krönt das Ganze mit einem dicken Klacks Ketchup und rührt noch mal sorgfältig um. Genüsslich kauend, deutet er auf die bunte Kreation auf seinem Teller und sagt: »Genauso sind wir Kubaner. Eine Mischung aus den verschiedensten Dingen und Ländern: aus Spanien, Afrika und den Vereinigten Staaten, vielleicht noch mit einer Prise China und Frankreich. Und das Verrückte: Wir mögen alles, und alles gleichzeitig.« Das sozialistische Kuba ein Eldorado der Götter und Geister? Lächelnd weist Miguel Barnet darauf hin, dass man auf den Straßen Havannas zweifellos weiße, schwarze und kaffeebraune Menschen unterscheiden könne, dass es aber anders als in Kuba wohl niemanden gäbe, der in seinem Kopf ausschließlich weiß sei. Und er zitiert Esteban Montejo, einen uralten, ehemaligen Sklaven: »Alle Religionen haben sich in diesem Land vermischt. Der Afrikaner brachte seine, die stärkste, und der Spanier brachte auch seine, die war aber nicht so stark. Einer, der bloß katholisch ist – das gibt es nicht.« Man weiß nicht genau, wie viele Anhänger die Santería und andere afrokubanische Religionen in Kuba heute haben (über Religionszugehörigkeit werden keine Statistiken geführt beziehungsweise veröffentlicht). Doch wenn man den Gerüchten und dem Augenschein Glauben schenken darf, dann gehört fast jeder Kubaner zur Gemeinde der afrokatholischen Götterschar.

Von dem Schriftsteller Alejo Carpentier erzählt man sich, er habe selbst als Botschafter seines Landes in Paris immer, wenn er an einem Eisengitter vorbeigekommen sei, unauffällig mit einem Schlüssel jeden einzelnen Gitterstab berührt – eine Ehrenbezeugung an Ogún, den Santería-Gott des Eisens und der Metalle. Hubert Fichte überliefert die Aussage eines exilkubanischen Santería-Priesters aus Miami, sogar Fidel sei initiiert, er trage immer zwei Armbanduhren und dazwischen das farbige Lederband seiner *orisha.* Das mag zwar Legende sein, sicher ist, dass die Bauern in der Sierra Maestra vor dem Sieg der Revolution mit ihren Opfergaben die Virgen de la Caridad del Cobre anflehten, die Rebellen siegen zu lassen. Die Barmherzige Jungfrau des Kupfers ist die Nationalheilige Kubas und niemand anderes als Oshún, die Aphrodite des dicht bevölkerten yoruba-katholischen Götterhimmels.

Man wird kaum einen Kubaner finden, ob Katholik, Protestant oder Atheist, der bereit wäre, eine Ceiba zu fällen, denn die Ceiba gilt in den afrokubanischen Religionen als heiliger Baum. In der Silvesternacht schütten fast alle Leute Wasser auf die Straße, denn nicht nur die Santeros glauben, das sei ein gutes Mittel, um die bösen Geister zu vertreiben. Der (weiße) Barkeeper im frisch renovierten Hotel Presidente kippt den ersten Schluck jeder frisch geöffneten Rumflasche unauffällig auf den Boden, für die Götter.

Im mondänen Nachtclub Tropicana ist die afrokubanische Showeinlage keine Touristenattrappe. Die drei *batá*-Trommler und der Yoruba-Chor des Tropicana sind initiierte Santeros, und für die heiligen Trommeln ist – wie es die Santería-Regeln vorschreiben – ein stets verschlossener Raum reserviert, den ausschließlich die Trommelpriester betreten dürfen. Dort hängen die *batá* unter der Decke, da sie niemals den Boden berühren dürfen, und vor jedem Auftritt bekommen sie »zu essen«, das heißt, man bringt ihnen Opferblut dar. Da versteht es sich fast von selbst, dass sämtliche Mitglieder des vom Kulturministerium finanzierten und mit Auszeichnungen hochdekorierten Nationalen Folkloreballetts (Conjunto Folclórico Nacional) Santeras oder Santeros sind. Selbst Mitglieder der Kommunistischen Partei finden nichts dabei, mit der ganzen Familie die Samstagnachmittagsvorstellung des Conjunto Folclórico zu besuchen, im Rhythmus der *batá* für Yemayá zu tanzen und sich zum Beispiel mit einem Minzestrauch die bösen Geister vertreiben zu lassen.

Jedes Jahr pilgern in der Nacht zum 17. Dezember Tausende von Kubanern zur Kapelle des heiligen Lazarus (sprich: Babalú Ayé, Gott der Krankheiten), die sich siebzehn Kilometer außerhalb von Havanna in der Nähe von San Antonio de los Baños befindet. Neben rituellen Gegenständen, Trommeln und Heiligenbildern haben die Pilger kleine Papiersäcke voller Geldmünzen, die sie das Jahr über gesammelt haben, um sie dem Schwarzen Lazarus zu opfern. Einige Pilger laufen barfuß über die staubige Straße, andere rutschen auf den Knien oder kasteien sich mit Gerten. Mag sein, dass einige Pilger auf göttlichen Beistand hoffen, um ihre Ausreisegenehmigung in die Vereinigten Staaten schneller zu erhalten. Doch eine Gemeinde von Systemgegnern können die 50 000 nicht sein, dagegen sprechen die vielen Porträts von Fidel Castro, Che Guevara und Camilo Cienfuegos im Pilgerzug. »Die marxistische Regierung ist die erste, die die afrokubanischen Religionen wirklich anerkennt«, sagt der Orakelpriester *(babalawo)* Gilberto Herrera. *Babalawo* ist er nur im Zweitberuf; tagsüber arbeitet er als Koch der Kategorie A im China-Restaurant El Mandarín.

In seinem »Büro«, einem kleinen, mit Möbeln vollgestopften Zimmer, hängen unter der Decke die drei *batá,* auf den Schränken türmt sich das Perkussionsarsenal der verschiedenen Santería-Zeremonien: rundbauchige Chekerés, schlanke Conga und niedrige Bongotrommeln. Kuhglocken, Maracas (»Rumbakugeln«) und längliche Güiros. An einer Wand lehnt eine ausrangierte Schultafel, auf der mit Kreide die Zeremonien der nächsten Wochen aufgelistet sind, nach Havannas Stadtteilen geordnet. »Vor der Revolution war der Begriff Santero fast so etwas wie ein Schimpfwort«, sagt Gilberto. »Heute ist das anders. Natürlich unterstützt uns der Staat nicht dabei, unsere Religion zu verbreiten, aber das kann man von einem marxistischen System wohl auch kaum erwarten. Doch hält man unsere Arbeit aus kulturellen Gründen für wichtig.« Er zieht ein mit Stempeln versehenes Papier aus der Schublade und reicht es mir. »Das hier ist die polizeiliche Erlaubnis für unsere Zeremonie in der nächsten Woche«, erklärt er. »Wir dürfen nicht jede Woche bis in die Nacht trommeln, aber bisher hat man uns noch nie eine Zeremonie verboten.« Die Genehmigung ist adressiert an den *Compañero Babalawo Gilberto Herrera* – den Genossen Orakelpriester.

Wöchentlich kommen etwa drei bis fünf Menschen zum

babalawo, um ihn um Rat zu fragen. »Wenn es sich um Liebeskummer handelt, kann es ausreichen, einer *orisha* ein paar weiße Tauben zu opfern. Andere Leute kommen zu mir, weil sie krank sind und ihre Krankheit durch einen bösartigen Einfluss ausgelöst wurde; sei es, dass eine *orisha* dem Kranken Böses will oder jemand ihm etwas angehext hat. In diesem Fall muss der *babalawo* feststellen, woher dieser schlechte Einfluss kommt, er muss ihn bremsen und das Böse aus dem Körper des Kranken vertreiben; das geschieht mit Kräutern, Amuletten und Tieropfern.«

Neben der Eingangstür von Gilbertos »Büro« baumelt ein kleiner Flaschenkürbis von der Decke. Vier Vogelfedern stecken darin, die in die vier Himmelsrichtungen weisen. Dieser Güiro ist eigentlich ein magisches Attribut der Conga-Religion, und ich frage den *babalawo,* ob er die Rituale der Regla Conga ebenfalls beherrscht. »Für uns ist die Religion so ähnlich wie das Fernsehen«, erklärt er. »Je mehr Kanäle man zur Verfügung hat, desto besser ist man informiert. In den Sklavenbaracken haben sich verschiedene afrikanische Religionen vermischt, dann ist das Christentum hinzugekommen und der Spiritismus. Wir benutzen alle Kanäle …« Er führt mich in den Hausflur, wo in einer Ecke unter der Treppe das wichtigste Zauberinstrument der Conga-Religion steht: die *nganga,* ein großer, eiserner Topf, der gefüllt ist mit Kräutern, Gräsern, Steinen, etwas Friedhofserde, Stücken von Tierkadavern, toten Insekten und kleinen Reptilien. Außerdem stecken unzählige Stöcke und Zweige verschiedener Baumarten darin, auf Spanisch *palo,* weshalb die Angehörigen dieser Sekte *paleros* genannt werden. Mit der *nganga* führen die Zauberer bestimmte »Arbeiten« aus – schwarze Magie. »Wenn jemand zu mir kommt und will, dass ich etwas mit der *nganga* mache, geschieht das meistens; weil derjenige sich an jemandem rächen will«, erklärt Gilberto Herrera. Ob es stimme, dass man mit der *nganga* jemanden umbringen könne? Zögernd und nach einer langen Pause antwortet er: »Ja, das stimmt. Man kann mithilfe der Telepathie und dieser *nganga* so ziemlich alles bewirken, was man will.« Der Zauberer könne sich also zum Herrn über Leben und Tod machen? Gilberto Herrera wird jetzt sehr ernst. »Ja. Der Zauberer ist eine Art Richter. Die Regeln der Religion schreiben allerdings vor, nur für das Gute zu wirken. Doch gibt es leider eine ganze Reihe von Zauberern, die sehr verantwortungslos sind und die zudem ihre magischen Kräfte vor allem zum Geldverdienen einsetzen und die Leute ausbeuten. Eigentlich müsste man diese schlechten Zauberer ausschließen, denn sie schaden dem Ansehen unserer Religion und richten großen Schaden an.«

Gilberto Herrera und viele andere *babalawos* sind besorgt über den Missbrauch, der mit den magischen Praktiken betrieben werden kann. Denn, ob man an die Effizienz dieser Praktiken glaubt oder nicht: Allein die Vermutung, dass auch nur ein Körnchen Wahrheit daran ist, gibt den Santeros und den *paleros* große Macht über Menschen. Und diese Macht beruht auf Angst. Hinzu kommt, dass für einen Gläubigen der Santería oder der Regla Conga jeder Lebensbereich von magisch-religiösen Regeln bestimmt wird – Konflikte am Arbeitsplatz ebenso wie der Streit mit Nachbarn oder Liebesprobleme. Das verschafft den Santeras und Santeros mehr Einfluss, als es ein »Komitee zur Verteidigung der Revolution« je haben kann.

Die informelle Machtstruktur der afrokubanischen Kultur hat außer der Santería und der Regla Conga noch ein drittes Bein: die Geheimgesellschaft Abakuá, um 1820 von Sklaven aus Calabar in Havanna gegründet. Die Mitglieder – ausschließlich Männer – nennen sich selbst *ñáñigos,* was so viel heißt wie »kleiner Bruder«. Wer einmal in die Geheimgesellschaft aufgenommen worden ist, kann sie zeit seines Lebens nicht mehr verlassen. Er verpflichtet sich mit einem Blutsbund, seine Freunde und Mitbrüder in der Abakuá jederzeit zu unterstützen und sich in allen Situationen männlich zu verhalten, worunter eine eher aggressive Männlichkeit zu verstehen ist. Verstößt er dagegen, muss er mit empfindlichen Strafen rechnen.

Ob der gesellschaftliche Einfluss der Santería, der Regla Conga und der Abakuá tatsächlich weit reicht, ist für den Außenstehenden nur schwer abzuschätzen. Sicher ist, dass die kubanische Kunst – ob Musik, Tanz, Literatur oder Malerei – ohne das afrikanische Erbe nicht denkbar ist. Die Bilderwelt des Malers Manuel Mendive etwa lebt von den Legenden und Ornamenten der Yoruba- und Congareligion. Seine »Performances« verbinden Malerei, Skulptur, Tanz, Body-Art, Gesang und Geräusch zu einem Spektakel, das ebenso an die traditionellen *comparsas* des kubanischen Karnevals erinnert wie an die afrokubanischen Prozessionen. Doch die kubanische Variante der *négritude* blieb isoliert: Weder die weißen noch die schwarzen Intellektuellen, die Dichter, Musiker und Maler konnten sich gegen die allgemein herrschende Diskriminierung der afrokubanischen Kultur durchsetzen. Erst die kubanische Revolution verschaffte der Kultur der ehemaligen Sklaven in aller Öffentlichkeit Anerkennung und Prestige.

Für den Europäer, der dazu neigt, die Realität in Gut und Böse, richtig und falsch aufzuteilen, ist es kaum nachvollziehbar, dass man im sozialistischen Kuba so wenig gegen die afrokubanischen Religionen hat und in offiziellen Verlautbarungen ausdrücklich darauf hinweist, dass man die religiösen Vorstellungen der Santería, der Regla Conga und der Abakuá für »nicht störend beim Aufbau des Sozialismus« hält. Vielleicht entspringt diese Toleranz der historischen Einsicht, dass es bisher noch keiner Regierung gelungen ist, die afrokubanischen Kulte zu verbieten, und dass Alphabetisierungskampagnen, kostenloser Schulbesuch und kultureller Fortschritt mehr verändern als jedes Verbot. Vielleicht liegt es aber auch daran, dass die tanzenden Götter Kubas nichts gegen Fidel haben.

Die Schrecken der Eroberung

Bartolomé de las Casas

An dem Tag, an dem die Spanier in dem Ort ankamen, ließen sie sich am Morgen zum Frühstück in einem Flussbett nieder, das bis auf einige Pfützen ausgetrocknet und voller Wetzsteine war, was allen Lust machte, ihre Schwerter zu schleifen; nach dem Frühstück machten sie sich nach Caonao auf. Der Weg war über zwei oder drei Meilen von einer trockenen Ebene gesäumt, in der jedwede Anstrengung durstig macht. Und dorthin brachten einige Indios aus den Ortschaften etliche Kalebassen mit Wasser und etwas zu essen. Sie kamen zur Vesperzeit in Caonao an, wo sie von vielen Menschen erwartet wurden, die viel Maniokbrot und viel Fisch zubereitet hatten, denn ein großer Fluss war in der Nähe und auch das Meer.

Auf einem kleinen Platz hockten, wie sie es zu tun pflegen, etwa zweitausend Indios, die alle staunend die Stuten betrachteten. Nebenan befand sich ein *bohio* oder großes Haus, in dem sich über fünfhundert Indios aufhielten, die voller Furcht waren und nicht wagten, herauszukommen.

Als einige Indiodiener, die die Spanier mit sich führten (das waren mehr als tausend Seelen, denn sie waren immer auf diese Art mit großem Gefolge unterwegs; weitere auf Kuba geborene Indios waren noch fünfzig Meilen zurück), in das große Haus hineinwollten, sagten die Indios, die Hühner zubereitet hatten, zu ihnen: »Nimm, komm nicht herein!«, denn sie wussten, dass die Indios, die den Spaniern dienen, nichts anderes taten als ihre Herren.

Unter den Spaniern gab es den Brauch, dass einem, den der Hauptmann ausgewählt hatte, die Aufgabe zufiel, das Essen und die anderen Dinge, die die Indios brachten, an jeden Einzelnen zu verteilen, je nachdem wie groß sein Anteil war. Und während der Hauptmann auf seiner Stute saß und die Anderen auf den ihren und auch der Pater selbst zuschaute, wie das Brot und der Fisch verteilt wurden, zog einer der Spanier, in dessen Kleider der Teufel hineingeschlüpft zu sein schien, sein Schwert und dann mit ihm alle weiteren hundert, und sie beginnen, diesen Lämmern, diesen Männern und Frauen, Kindern und Alten die Bäuche aufzuschlitzen, sie zu zerstückeln und zu töten, sie, die dort sorglos gesessen und die Spanier und die Pferde staunend angesehen hatten, und in der Zeit, in der man zwei Credos spricht, war unter allen, die dort gewesen waren, kein Lebender mehr. Sie dringen in das große Haus ein, das nebenan lag, weil dies alles vor der Tür geschah, und beginnen dort, mit Hieben und Stichen die zu töten, die sich dort befanden, sodass das Blut in Strömen floss, als wären viele Kühe geschlachtet worden. Einige Indios, die schnell genug waren, kletterten an den Pfosten und den Dachbalken hoch und konnten so entkommen.

Der Geistliche hatte sich kurz vor dieser Metzelei von dort, wo sie geschah, entfernt und war zu einem anderen kleinen Platz des Ortes in der Nähe seiner Unterkunft gegangen. Es war ein großes Haus, in dem auch die anderen untergebracht werden sollten, und es hatten sich dort vierzig Indios, die die Lasten der Spanier aus den anderen Provinzen geschleppt hatten, die hinter ihnen lagen, auf den Boden gelegt, um auszuruhen. Und es geschah, dass bei dem Geistlichen sich fünf Spanier befanden, die, als sie das Klingen der Schwerter hörten und, ohne etwas davon zu sehen, da einige Häuser davorlagen, begriffen, dass getötet wurde, ihre Schwerter ziehen und die vierzig Indios töten wollen, die erschöpft von ihren Lasten und Bündeln waren und sich ausruhten, um ihnen ihren Trägerlohn zu zahlen.

Der Geistliche stellt sich ihnen zornerfüllt entgegen, tadelt sie streng, um sie an ihrem Tun zu hindern, und sie, die sie einigen Respekt vor ihm hatten, halten inne in dem, was sie tun wollen, und so bleiben die vierzig am Leben, und die fünf gehen dorthin, wo die anderen töten. Und da der Geistliche dadurch aufgehalten wurde, dass er das Niedermetzeln der vierzig verhinderte, die beladen gekommen waren, fand er, als er dorthin kam, einen Haufen Toter vor, den die Spanier aus den Indios gemacht hatten, zweifelsohne ein fürchterlicher Anblick. Als Narváez, der Hauptmann, ihn sah, sagte er: »Wie findet Euer Ehren, was die Spanier gemacht haben?« Der Geistliche, der vom Anblick der vielen Leichenteile und einem so grausamen Ereignis zutiefst getroffen war, antwortete: »Dass ich Sie und alle anderen dem Teufel empfehle!«

Der nachlässige Narváez sah weiterhin, ohne sich zu rühren noch etwas zu tun, dem Schlachten zu, als wäre er aus Marmor, denn wenn er gewollt hätte, hätte er vom Pferd aus, auf dem er saß, und mit der Lanze, die er in der Hand hielt, die Spanier hindern können, auch nur zehn Menschen zu töten. Da verließ ihn der Geistliche und ging durch einige Haine, um Spanier zu suchen und sie am Töten zu hindern. Denn diese streiften durch die Haine auf der Suche nach jemandem, den sie töten könnten, und verschonten dabei weder Jungen, Kinder, Frauen noch Alte. Und mehr noch, einige Spanier machten sich zu der Straße am nahe gelegenen Fluss auf, und alle Indios, die mit Wunden, Messerstichen und Hieben entkommen waren, die fliehen konnten, um sich in den rettenden Fluss zu stürzen, trafen auf die Spanier, die ihrem Leben ein Ende bereiteten.

Es geschah noch eine weitere Grausamkeit, die nicht wert ist, verschwiegen zu werden, damit die Werke unserer Christen in diesen Gebieten bekannt werden: Als der Geistliche in das große Haus kam, in dem sich, wie ich schon sagte, etwa fünfhundert Seelen aufhielten – oder wie groß ihre Zahl auch immer war, die sehr groß war –, und er voller Entsetzen die Toten sah, die dort lagen, und jene, die auf den Streben und Dachbalken nach oben geklettert waren, sagte er zu ihnen: »Nichts mehr. Nichts mehr. Habt keine Angst. Es wird nichts mehr geben, es wird nichts mehr geben.« Voller Vertrauen und im Glauben, dass dies so sein würde, kletterte ein Indio hinunter, ein gut gebauter, junger Mann von etwa fünfundzwanzig bis dreißig Jahren, und er weinte. Da der Geistliche keine Ruhe fand und überallhin lief, um das Morden zu verhindern, verließ er sofort das Haus. Aber kaum war der junge Mann heruntergeklettert, zieht ein Spanier, der sich dort befand, seinen Krummsäbel oder kurzes Schwert und versetzt ihm, als wäre dies gar nichts, einen Hieb in die Lenden, dass die Eingeweide herausquellen. Der Indio nimmt stöhnend seine Eingeweide in die Hände und flieht aus dem Haus. Er trifft mit dem Geistlichen zusammen und erkennt ihn. Dieser sagt ihm etwas über den Glauben, soweit die Zeit und die Angst ihm dazu Zeit lassen, und zeigt ihm, dass er, wenn er getauft werden wolle, in den Himmel käme, um mit Gott zu leben. Der Ärmste stimmt weinend und klagend zu, als würde ihn ein Feuer verbrennen. Darauf taufte ihn der Geistliche, und er fiel tot zu Boden. Alles Gesagte kann ich bezeugen, denn ich habe es gesehen und war anwesend, aber ich lasse viele Einzelheiten aus, um den Bericht zu kürzen.

Als der Sonntag gekommen war und die Zeit der Predigt, stieg der Pater Antonio de Montesinos auf die Kanzel und machte »Ego vox clamatis in deserto« zum Thema und Gegenstand seiner Predigt, die er schon geschrieben mitbrachte und die von den anderen unterzeichnet war. Nach der Einleitung sagte er etwas zur Adventszeit und begann dann, die Unfruchtbarkeit der im Gewissen der Spanier auf dieser Insel herrschenden Wüste und die Blindheit, in der sie lebten, hervorzuheben, und wies auch darauf hin, wie sehr sie Gefahr liefen, bestraft zu werden, weil sie die schwerwiegenden Sünden nicht wahrnehmen, in die sie so gefühllos eingetaucht seien und mit denen sie sterben würden. Darauf kehrte er zu seinem Thema zurück und sagte Folgendes: »Ich bin hier hinaufgestiegen, damit ihr sie kennenlernt, ich, die Stimme Christi in der Wüste dieser Insel; deshalb ziemt es euch, aufmerksam zu sein, nicht einfach nur aufmerksam, sondern mit ganzem Herzen und all euren Sinnen sollt ihr mir zuhören. Die Worte, die ihr vernehmen werdet, habt ihr noch nie vorher gehört, sie werden die bittersten und härtesten, die furchterregendsten und gefährlichsten sein, die ihr je gehört habt.« Diese Stimme ereiferte sich geraume Zeit mit höchst strafenden und schrecklichen Worten, die das Fleisch aller erschauern ließen, als stünden sie vor dem Jüngsten Gericht. Dann erklärte ihnen die Stimme in großartiger Weise und allumfassendem Eifer den Inhalt der göttlichen Worte: Sie verkünden, sagte er, dass ihr alle in Todsünde lebt und darin sterben werdet, wegen der Grausamkeit und Tyrannei, die ihr diesen Unschuldigen gegenüber anwendet. Sagt, mit welcher Berechtigung und mit welchem Recht haltet ihr diese Indios in so grausamer und schrecklicher Sklaverei? Was ermächtigt euch, so verabscheuungswürdige Kriege gegen diese Menschen zu führen, die friedlich und ruhig in ihrem eigenen Lande lebten, Kriege, in denen ihr unendlich viele von ihnen mit nie gehörtem Mord und Zerstörung vernichtet habt? Warum haltet ihr sie so unterdrückt und erschöpft, ohne ihnen etwas zu essen zu geben noch ihre Krankheiten zu heilen, die sie wegen dem Übermaß an Arbeit befallen, das ihr ihnen auferlegt; und sie sterben euch weg, oder besser, ihr tötet sie, nur um jeden Tag Gold herauszupressen und zu erhalten? Und was kümmert euch, wer sie im Glauben unterweist, damit sie ihren Gott kennenlernen, getauft werden und die Messe hören, die Feiertage und die Sonntage einhalten?

Sind sie keine Menschen? Haben sie keine vernunftbegabten Seelen? Seid ihr nicht verpflichtet, sie zu lieben wie euch selbst? Versteht ihr dies nicht? Fühlt ihr dies nicht? Wie könnt ihr in so tiefem Schlaf befangen sein? Seid dessen gewiss, dass ihr euch ebenso wenig retten könnt wie die Mauren oder Türken, die den Glauben an Jesus Christus nicht haben oder nicht annehmen wollen.

Kurz, diese Stimme erklärte, was sie vorher mit Nachdruck gesagt hatte, in einer Weise, die alle bestürzt, einige wie von Sinnen, einige eher verstockt, andere etwas reuig machte, aber bekehrt hat sie, wie ich später begriff, niemanden.

Die Flüchtlinge

Alejo Carpentier

Die Spur erlosch am Fuß eines Baums. Gewiss, ein kräftiger Geruch nach Neger zog durch die Luft, sooft eine Brise die Fliegen aufhob, die in den Höhlungen verfaulter Früchte arbeiteten. Aber Perro – anders als Perro, Hund, hatten sie ihn nie gerufen – war müde. Er wälzte sich im Gras, um sich den zerzausten Rücken zu glätten und die Muskeln zu lockern. Sehr fern verhallten die Rufe des Suchtrupps in der Abenddämmerung. Es roch noch immer nach Neger. Vielleicht hielt sich der Cimarrón irgendwo oben rittlings auf einem Ast versteckt und horchte mit den Augen. Doch Perro dachte nicht mehr an die Hetzjagd. Ein anderer Geruch, den der nächste Tau vielleicht für immer auslöschen würde, lag auf der von Gestrüpp überwucherten Erde. Geruch nach Weibchen. Geruch, den Perro, alle viere in der Luft, auf dem Reißzahn lachend, mit scheuerndem Rücken aufnahm, um ihn mit sich fortzutragen und die zu kurze Zunge in die Vertiefung zwischen den Schulterblättern strecken zu können.

Die Schatten wurden feuchter. Mit einem Schwung drehte sich Perro und fiel auf die Beine. Die langsam schlagende Glocke der Zuckerfabrik ließ ihn die Ohren spitzen. Im Tal waren Nebel und Rauch eine einzige bläuliche Unbeweglichkeit, über der, immer schärfer sich abhebend, ein Ziegelschlot, ein weit vorspringendes Dach und der Kirchturm schwebten und Lichter, die mitten in einem See anzugehen schienen. Perro hatte Hunger. Aber hier roch es nach Weibchen. Manchmal umfing ihn auch noch der Negergeruch. Doch der Geruch seiner eigenen, von fremder Hitze wachgerufenen Hitze bezwang alles. Die straff ausgestellten Hinterbeine streckten ihm den Hals nach vorne. Im Takt eines abgerissenen, sehnsüchtigen Winseln zog sich sein Bauch hinter den Rippen ein. Hier und dort klatschte eine zu sonnenträchtige Frucht zu Boden und verbreitete den Duft nach Fruchtfleisch. Mit eingezogenem Schwanz, als würde er von der Peitsche des Sklavenaufsehers verfolgt, lief Perro, dem eigenen Orientierungssinn zuwider, in Richtung Bergwald. Seine Schnauze verfolgte eine dünne, gewundene, machmal in sich selbst zurücklaufende Spur, die vom Weg abging, in den Dornen einer Duftakazie stärker wurde, sich in den durch die Fermentierung säuerlichen Blättern verlor und über einem erst vor Kurzem mit dem Schwanz gefegten Stück Boden unerwartet kräftig wiedererstand. Plötzlich verließ Perro die unsichtbare Spur, diesen Faden, der sich ein- und wieder ausrollte, um sich auf ein Frettchen zu stürzen. Mit zwei Schüttelbewegungen, die wie Kastagnetten in einem Handschuh klangen, brach er ihm die Wirbelsäule und schleuderte es gegen einen Baumstamm. Doch unvermittelt verhielt Perro und hob eine Pfote. Vom Berg her, aus weiter Ferne, ertönte Gebell.

Es war nicht das Gebell der Meute aus der Zuckerfabrik. Der Ton war anders, weit rauer, angriffslustiger, kam aus tiefem Schlund und wurde heiser in mächtigem Rachen. Irgendwo musste ein Kampf zwischen Männchen stattfinden, die nicht wie er, Perro, ein kupfernes, mit Stacheln besetztes und mit einer nummerierten Plakette versehenes Halsband trugen. Vor diesen Stimmen, die wölfischer klangen als alles bisher Gehörte, hatte Perro Angst. Er lief in umgekehrter

Richtung zurück, bis sich alle Pflanzen mit Mondlicht färbten. Jetzt roch es nicht mehr nach Weibchen: Es roch nach Neger. Und da lag er auch wirklich in seiner gestreiften Hose, das Gesicht nach unten, und schlief. Perro wollte sich auf ihn stürzen in Befolgung eines Befehls, der im Morgengrauen dort unten, wo es Zuckerkessel und Strohlager gab, unter mächtigem Peitschenknallen erteilt worden war. Aber weiter oben, irgendwo, dauerte der Kampf der Männchen an. Neben dem Cimarrón lagen abgenagte Rippenknochen. Perro näherte sich langsam, die Ohren misstrauisch zurückgelegt, entschlossen, den Ameisen streitig zu machen, was noch nach Fleisch roch. Überdies schreckten ihn diese anderen Hunde mit ihrem wütenden Gebell. Klüger war es, fürs Erste hierzubleiben, an der Seite des Mannes. Und zu horchen. Zuletzt verwehte der Südwind die Bedrohung. Perro drehte sich drei Mal um sich selber und rollte sich erschöpft zusammen. Seine Pfoten zuckten in bösen Träumen. Im Morgengrauen legte Cimarrón mit der Geste eines Mannes, der viel mit Frauen geschlafen hat, den Arm über ihn. Perro schmiegte sich an seine Brust, wo es warm war. Zusammen schliefen sie weiter, mitten auf der Flucht, die Nerven angespannt von den gleichen Albträumen.

Eine Spinne, die sich herabgelassen hatte, um besser sehen zu können, zog ihren Faden wieder ein und verschwand in der Krone eines Mandelbaums, dessen Blätter allmählich aus der Nacht tauchten.

Aus Gewohnheit erwachten Cimarrón und Perro vom Läuten der Zuckerfabrik. Die Entdeckung, dass sie zusammen geschlafen hatten, Körper an Körper, ließ beide mit einem Satz auffahren. Sie stellten sich jeder an einen Stamm und blickten sich lange an. Perro, erbötig, einen Herrn anzunehmen. Der Neger, hoffend, wieder eine Freundschaft zu schließen. Das

Tal schüttelte den Schlaf ab. Dem zur Eile mahnenden Geläut, das für die Sklaven bestimmt war, antwortete jetzt gemächlicher die wappengeschmückte Glocke der Kapelle, die zwischen Sonnenaufgang und Sonnenuntergang ihren Grünspan über einem Hintergrund von Rindergebrüll und Pferdewiehern wiegte als nachsichtige Aufforderung an diejenigen, die in hohen Mahagonibetten schliefen. Die Hähne stolzierten um die Hennen, um sie zeitig zu besteigen, damit der kleine Finger der Beschließerin sich vom Vorhandensein noch ungelegter Eier würde überzeugen können. Ein Pfau schlug vor dem Herrenhaus ein Rad und feuerte sich bei jeder Drehung mit einem Schrei an. Die Pferde an der Zuckermühle begannen ihre lange Reise im Kreis. Die Sklaven beteten vor den Tiegeln, die mit Brot und Zuckersaft gefüllt waren. Cimarrón öffnete den Hosenschlitz und hinterließ ein schäumendes Rinnsal zwischen den Wurzeln eines Kapokbaums. Perro hob den Hinterfuß über einem zarten Guajavenstamm. Die ersten Machetenhiebe der Zuckerschneider waren zu hören. Die Doggen der für die Jagd auf Neger bestimmten Meute schüttelten ihre Ketten vor Ungeduld, in den Hof gelassen zu werden.

»Gehst du mit mir?«, fragte Cimarrón.

Perro folgte ihm willig. Dort unten gab es zu viele Peitschenhiebe, zu viele Ketten für jeden, der reumütig zurückkehrte. Es roch nicht mehr nach Weibchen. Aber es roch auch nicht mehr nach Neger. Jetzt achtete Perro viel mehr auf den Geruch nach Weißen, den Geruch nach Gefahr. Denn nach Weißem roch der Aufseher trotz der in seine Jacke gebügelten Stärke und des scharf riechenden Teers auf seinen schweinsledernen Reitstiefeln. Es war auch der Geruch der Fräuleins aus dem Herrenhaus, trotz des Parfums, das ihren Spitzen entstieg. Der Geruch des Pfarrers, trotz der Duftfahne, die nach geschmolzenem Wachs roch und nach dem Weihrauch, der den sonst so frischen Schatten der Kapelle ungenießbar machte. Auch der des Organisten, obwohl die Blasebälge des Harmoniums ihn so oft aus dem mottenzerfressenen Filz anwehten. Zu fliehen war jetzt der Geruch nach Weißen. Perro war übergelaufen.

Während der ersten Tage vermissten Perro und Cimarrón die Sicherheit der Futterschüsseln. Perro gedachte der Knochen, die bei Einbruch der Nacht kübelweise in den Hof geschüttet wurden. Cimarrón sehnte sich nach dem *congrí,* der nach dem Gebetläuten oder wenn die sonntäglichen Trommeln verwahrt wurden, kübelweise in die Baracken gebracht wurde. Nachdem sie in der ersten Zeit die Morgen ohne Glockenläuten und Fußtritte verschlafen hatten, gewöhnten sie sich nun also an, bei Tagesanbruch auf die Jagd zu gehen. Perro erwitterte eine zwischen Zedernwurzeln versteckte Baumratte, Cimarrón erlegte sie mit Steinwürfen. Als er eines Tages auf die Spur eines Wildschweins stieß, dauerte es Stunden und Stunden, bis das von all dem Gebell verstörte, aber noch angriffsbereite Tier mit schon zerfetzten Ohren am Rand einer Schlucht gestellt und mit Stockschlägen hinuntergestürzt war. Nach und nach vergaßen Perro und Cimarrón die Zeiten, in denen sie regelmäßig gegessen hatten. Sie verschlangen auf einen Sitz, was ihnen unter den Zahn kam, schlugen sich die Bäuche so voll wie möglich, wohl wissend, dass es am nächsten Tag regnen konnte und das Wasser, das da von oben kam, zwischen den Steinen rinnen würde, um den Talboden besser zu tapezieren. Zum Glück mochte Perro Früchte essen. Wenn Cimarrón auf einen Mango- oder Mamwybaum traf, bekam auch Perro eine gelbe oder rote Schnauze: Und da er überdies schon immer ein Eierliebhaber gewesen war, hielt er sich gelegentlich an einem Wachtelnest schadlos für die unverständliche Vorliebe seines Herrn für die Langustinen, die dort, wo der unterirdische Fluss aus einem von versteinerten

Muscheln gezierten Maul an den Tag trat, gegen die Strömung schliefen.

Sie lebten in einer Höhle, die hinter einem Vorhang von Baumfarnen gut verborgen war. Das regelmäßige Tropfen der Stalaktiten erfüllte die kühlen Schatten wie mit dem Ticken von Uhren: Eines Tages scharrte Perro am Fuß einer Höhlenwand. Bald hatten seine Zähne einen Schenkelknochen hervorgezerrt und ein paar Rippen, die so alt waren, dass sie nach nichts mehr schmeckten und fade wie zusammengebackener Staub auf der Zunge zerfielen. Danach brachte er Cimarrón, der sich ein Schlangenlederband zuschnitt, einen Menschenschädel. Obwohl in dem Loch noch Reste von Tongeschirr und ein paar Steinschaber lagen, die sie hätten brauchen können, verließ Cimarrón, zutiefst erschrocken über die Anwesenheit von Toten in seiner Behausung, die Höhle noch am selben Nachmittag, Gebete murmelnd und ohne an den Regen zu denken. Beide schliefen zwischen Wurzeln und Samen, eingehüllt in denselben Geruch nach nassem Hund. Bei Tagesanbruch suchten sie sich eine Höhle, die so niedrig war, dass der Mann auf allen vieren in sie kriechen musste. Dort gab es wenigstens keine dieser Knochen, die zu nichts taugten und höchstens unliebsame Begebenheiten und unheimliche Erscheinungen hervorrufen konnten.

Da sie seit Langem keine Hetzjagden mehr erlebt hatten, wagten sie sich allmählich bis auf die Landstraße. Manchmal kam ein bekannter Fuhrmann mit seinem Wagen daher, eine Betschwester im Büßergewand oder einer von diesen Gitarrenspielern, die den Herrn eines jeden Dorfes kennen. Sie betrachteten diese Leute von ferne, schweigend. Cimarrón, das stand außer Zweifel, wartete auf etwas. Stundenlang pflegte er bäuchlings im Gras zu liegen und die wenig befahrene Landstraße zu betrachten, die ein Ochsenfrosch mit einem tüchtigen Satz überspringen konnte. Perro vertrieb sich die Wartezeit damit, Schwärme weißer Schmetterlinge auseinanderzujagen, oder in dem Versuch, mit kurzen Hochsprüngen einen in Flitterplättchen gekleideten Kolibri zu schnappen.

Als Cimarrón eines Tages wieder auf dieses Etwas wartete, das nicht kam, ließ Hufgeklapper Perro sich auf die Vorderbeine setzen. In schnellem Trab näherte sich eine Kalesche, gezogen von dem kleinen Apfelschimmel der Zuckerfabrik. Der Kutscher Gregorio stand auf der Gabel und ließ die Peitsche knallen, während in seinem Rücken der Pfarrer das Glöckchen der Sterbesakramente schwang. Es war schon so lange her, dass Perro sich nicht mehr damit vergnügt hatte, schneller als die Pferde zu laufen, dass er alle Zurückhaltung vergaß, zu der er verpflichtet war. Pfeilschlank, blau schimmernd unter der Sonne, rannte er den Abhang hinunter, erreichte die Kalesche und umbellte die Fesseln des Schimmelwallachs, rechts und links und von vorn, hin und her sprang er und fletschte die Zähne gegen den Kutscher und den Priester. Der Wallach bäumte sich auf und begann, die Scheuklappen schüttelnd und am Zaum zerrend, zu galoppieren. Plötzlich brach eine der Deichselstangen und riss das Gespann mit. Der Pfarrer und der Kutscher tanzten wie Marionetten, dann flogen sie kopfüber gegen die kleine Steinbrücke. Der Staub färbte sich mit Blut.

Cimarrón rannte herzu. Er schwang eine Gerte, um Perro zu schlagen, der bereits Vergebung heischend auf dem Bauch kroch. Aber der Neger hielt inne, überrascht von dem Gedanken, dass nicht alles an diesem Vorfall so übel war. Er nahm die Stola und das Gewand des Pfarrers, die Jacke und die hohen Stiefel des Kutschers. Von Tasche zu Tasche fanden sich fast fünf Duros. Die Räuber kehrten in den Wald zurück. In dieser Nacht träumte Cimarrón, angetan mit der Soutane, von längst vergessenen Lustbarkeiten. Er gedachte der Petroleumfunzel voll toter Insekten, die noch spät in der Nacht in den letzten Häusern des Dorfs brannten, dort, wo er zwei Mal das Dreikönigsgeschenk hatte erbitten und es nach eigenem Belieben wieder ausgeben dürfen. Der Neger, versteht sich, hatte sich für die Frauen entschieden.

Der Frühling überkam sie in der Morgendämmerung. Perro wachte auf mit einem unerträglichen Ziehen in den Hinterbeinen und einem unguten Ausdruck in den Augen. Obwohl ihm nicht warm war, hechelte er, und auf der Zunge, die ihm zwischen den Reißzähnen aus dem Maul hing, waren weiße Bahnen wie von Schnecken. Cimarrón redete mit sich selber. Beide waren übelster Gemütsverfassung. Ohne an Jagd zu denken, gingen sie zeitig zur Landstraße. Perro rannte sinnlos herum auf der Suche nach einer Geruchsspur. Aus purer Lust an Zerstörung fing er Insekten, vor denen ihn immer ekelte, entkernte Ähren zwischen den Zähnen, riss zarte junge Sträucher aus. Vollends wild wurde er, als eine Kröte ihm die Augen vollspritzte. Cimarrón wartete, wie er nie gewartet hatte.

Aber an diesem Tag kam niemand über die Landstraße. Bei Anbruch der Nacht, als die ersten Fledermäuse wie Steinwürfe über die Felder flogen, machte sich Cimarrón langsam auf den Weg zu den Sklavenhütten der Zuckerfabrik. Perro, denselben Peitschen, denselben Ketten die Stirn bietend, folgte ihm. Durch das Flussbett der Schlucht näherten sie sich den Baracken. Schon witterten sie den ehemals vertrauten Geruch nach brennendem Holz, nach Melasselauge und dem Feilicht der Pferdehufe. Sicher bereiteten sie dort Guajavenpaste, da unaufhörliche Marmeladensüße über das Grundstück zog. Perro und Cimarrón pirschten sich Seite an Seite näher, Manneskopf auf Höhe des Hundekopfs.

Plötzlich überquerte eine Negerin aus dem Hausgesinde den Weg zur Schmiede. Cimarrón warf sich auf sie und streckte sie ins Basilienkraut. Eine breite Hand erstickte die Schreie. Perro, nun allein, schlich bis an die Grenze des Hofs. Dort stand die englische Hündin, die Don Marcial auf einer Ausstellung in Paris erworben hatte. Es gab einen Fluchtversuch. Perro, das Haar vom Kopf bis zum Schwanz gesträubt, schnitt ihr den Weg ab. Sein betäubender Männchengeruch ließ die Engländerin vergessen, dass sie noch vor wenigen Stunden mit Seife aus Kastilien gewaschen worden war.

Als Perro in die Höhle zurückkam, tagte es. Cimarrón schlief, eingehüllt in die Soutane des Dorfpfarrers. Unten am Fluss spielten zwei Manatis im Schilf und wühlten das Wasser auf mit ihren Sprüngen, die Wolken von Schaum auf den Uferschlamm spritzten.

Cimarrón wurde immer unvorsichtiger. Er strich jetzt um die kleinen Siedlungen und überfiel zu jeder beliebigen Stunde eine einsame Wäscherin oder eine Santera, die nach zauberkräftigem Frauenhaar, Ginster oder Pitahayablüten suchte. Auch war er scharf auf Münzen, seit er die Kühnheit besessen hatte, die Duros des Kaplans in einer Straßenkneipe zu vertrinken. Mehr als einmal hatte er auf Seitenpfaden einen Guajirobauern, nachdem er ihn vom Pferd gezerrt und mit dem Stock zum Schweigen gebracht hatte, um seinen Gürtel erleichtert. Perro begleitete ihn bei diesen Streifzügen und half ihm nach Kräften. Dennoch aß man jetzt schlechter als zuvor, und mehr denn je war es notwendig, sich an Reiher-, Hühner- oder Wachteleiern schadlos zu halten, überdies lebte Cimarrón ständig in Angst und Schrecken. Perro brauchte nur ein wenig zu bellen, schon griff er nach der gestohlenen Machete oder kletterte auf einen Baum.

Als die Frühlingskrise vorbei war, verspürte Perro immer weniger Neigung, sich den Dörfern zu nähern. Zu viele Kinder waren dort, die mit Steinen warfen, zu viele Leute, denen

Fußtritte locker saßen, und alle Hofhunde brachen in kriegerisches Geheul aus, sobald sie seine Nähe rochen. Zudem kehrte Cimarrón schwankenden Schritts aus diesen Nächten zurück, und seinem Mund entströmte ein Geruch, der Perro genauso verhasst war wie Tabakgeruch. Deshalb wartete er immer in vorsichtiger Entfernung, wenn sein Herr ein schlecht beleuchtetes Haus betrat. So lebte er fort bis zu der Nacht, in welcher Cimarrón sich zu lange in der Kammer einer Magd eingeschlossen hatte. Plötzlich wurde die Hütte von wachsamen Männern umstellt, die blanke Macheten in der Hand hielten. Gleich darauf wurde Cimarrón nackt und fürchterlich schreiend auf die Straße gezerrt. Perro, der den Aufseher der Zuckerfabrik roch, lief auf dem Trampelpfad durch die Zuckerrohrfelder in die Berge. Tags darauf sah er Cimarrón auf der Landstraße. Er war voller Wunden, die ihm mit Salz behandelt worden waren. Sein Hals und seine Fesseln steckten in Eisen, und geführt wurde er von vier Burschen der Gendarmerie von San Fernando, die ihm alle zwei Schritte eins mit dem Stock überzogen und ihn Dieb, Säufer und Tunichtgut titulierten.

Perro saß auf einem Felsvorsprung hoch über dem Tal und heulte den Mond an. Tiefe Traurigkeit befiel ihn manchmal, wenn diese große kalte Sonne das volle Rund erreichte und ihr fahles Licht über die Pflanzen ergoss. Für ihn war es nun aus mit den Holzfeuern, die in Regennächten die Höhle zu erleuchten pflegten. Im Winter, der vor der Tür stand, würde er die Wärme des Mannes entbehren müssen, und niemand würde ihm mehr das stachelbesetzte Halsband abnehmen, das ihn beim Schlafen so störte – obgleich er die Soutane des Geistlichen geerbt hatte. Ständig auf der Jagd, war er duldsamer geworden gegen Tiere, die nicht zur Nahrung dienten. Schlangen ließ er zwischen den warmen Steinen entschlüpfen, ohne auch nur zu bellen, seit Cimarrón ihn nicht mehr antrieb, in der Hoffnung auf einen Schlangenledergürtel oder Schmalz zum Einfetten. Überdies war ihm Schlangengeruch widerlich, und wenn er früher gelegentlich eine Schlange am Schwanz packte, hatte er es nur der Verpflichtung wegen getan, zu der jedes von jemandem abhängige Wesen gezwungen ist. Ebenso wenig konnte er sich – außer im schlimmsten Hunger – an ein Wildschwein wagen. Von jetzt an begnügte er sich mit Wasserhühnern, Frettchen, Ratten und hin und wieder einer Henne, die aus dem Gehege im Dorf entschlüpft war. Die Zuckerfabrik aber war vergessen. Ihre Glocke hatte jeden Sinn für ihn verloren. Perro suchte jetzt den Schutz vereinzelter, dem Menschen unzugänglicher Kuppen, er lebte in einer Welt von Drachenbäumen, die sich mit dem Geräusch von Sattelzeug im Wind wiegten, von Orchideen, von Lianen, auf denen die grünen Eidechsen mit den weißen Ohrringen träge entlangkrochen, die so schlecht schmeckten und die eben deshalb blieben, wo sie waren. Er war mager geworden. Im Fell über seinen eingefallenen Rippen verfingen sich Zweige, die nicht einmal Dornen hatten.

Mit dem Rotwild kam der Frühling. Eines Abends, als eine seltsame Unruhe ihn wach hielt, stieß Perro abermals auf jenen geheimnisvollen, starken, durchdringenden Geruch nach Weibchen, der ihn zu seiner ersten Flucht in die Berge veranlasst hatte. Diesmal blieb Perro beharrlich auf der Spur und fand sie auch wieder, als er einen Fluss durchschwommen hatte. Er hatte keine Angst mehr. Die ganze Nacht folgte er der Spur, geifernd beidseits der Zunge. Im Morgengrauen füllte der Geruch eine ganze Schlucht. Der Spurensucher stand vor einer Meute wilder Hunde. Mehrere wolfsgesichtige Männchen verhielten dicht beieinander, die Augen funkelnd, die Körper gestrafft, angriffsbereit. Der Geruch nach Weibchen hinter ihnen war versperrt.

Perro machte einen gewaltigen Satz. Die wilden Artgenossen fielen über ihn her. Die Leiber verknäuelten sich in einem wilden Wirbel aus Gebell. Aber bald erklang, von den Stacheln des Halsbands den Rachen entrissen, Gewinsel. Schnauzen füllten sich mit Blut. Es gab zerfetzte Ohren. Als Perro den Ältesten ansprang und ihm die Kehle aufriss, wichen die anderen knurrend in nutzloser Wut zurück. Dann lief Perro in die Mitte des freien Platzes, um die letzte Schlacht der grauen, stichelhaarigen Hündin zu liefern, die ihn mit gefletschten Zähnen erwartete. In der Dunkelheit ihres Leibes endete die Spur.

Die wilden Hunde jagten in Rudeln. Deshalb fielen sie große Stücke an, die mehr Fleisch und Knochen hatten. Wenn sie auf ein Stück Rotwild trafen, war es eine Tagesarbeit. Zuerst das Hetzen. Dann, wenn es dem Tier gelang, über eine Schlucht zu setzen, das Umgehen. Wenn eine Höhle der Beute zugutekam, die Belagerung. Auch wenn es Verletzungen gab und Augen kostete, verendete das Tier immer unter den Zähnen der Meute, die das Mahl an dem noch lebenden Körper begann, Fetzen graubraunen Fells abreißend und Blut saufend aus der Halsschlagader oder an der Wurzel eines ausgerissenen Ohrs. Viele der wilden Hunde hatten durch Hornstiche ein Auge eingebüßt, und alle waren von Narben, Geschwüren und roten Kahlstellen bedeckt.

In der Brunstzeit kämpften die Hunde untereinander, während die Hündinnen erstaunlich unbeteiligt, auf den Boden gestreckt, den Ausgang des Kampfes erwarteten. Die Glocke der Zuckerfabrik, deren Schall der Wind zuweilen herüberwehte, weckte in Perro nicht die leiseste Erinnerung.

Eines Tages entdeckten die wilden Hunde eine Spur, die in diesen Wäldern aus Lianen, Dorngestrüpp und bösartigen Pflanzen, die vergifteten, wenn sie verletzten, nichts Ungewöhnliches war. Sie roch nach Neger. Vorsichtig folgten die Hunde dem Serpentinenpfad, auf dem ein uralter Stein mit einem Totengesicht stand. Wo die Menschen gehen, pflegen sie Knochen und Abfälle zu hinterlassen. Aber besser hütet man sich vor ihnen, denn wegen dieses Gangs auf den zwei Hinterbeinen, der ihnen erlaubt, ihre Reichweite mit Stöcken und Gegenständen zu verlängern, sind sie die allergefährlichsten Tiere. Die Meute hatte aufgehört zu bellen.

Plötzlich erschien der Mann. Er roch nach Neger. Glieder einer zerbrochenen Kette, die von seinen Handgelenken hingen, schwangen im Takt seiner Schritte, schwere Kettenglieder klirrten unter den ausgefransten Enden seiner gestreiften Hose. Perro kannte den Cimarrón. »Perro!«, jubelte der Neger. »Perro!« Perro kam langsam näher. Er beroch seine Füße, doch ohne sich anrühren zu lassen. Schwanzwedelnd lief er um ihn herum. Wenn er gerufen wurde, entwich er. Und wenn er nicht gerufen wurde, schien er den Klang der menschlichen Stimme zu suchen, die er in früheren Zeiten ein wenig verstanden hatte, die ihm jetzt aber unheimlich klang, so gefährlich an Gehorsam erinnernd. Endlich tat Cimarrón einen Schritt nach vorn und streckte eine weiche Hand nach seinem Kopf aus. Perro stieß einen seltsamen Schrei aus, ein Gemisch aus dumpfem Bellen und Geheul, und sprang dem Neger an die Gurgel.

Ein alter Befehl war ihm plötzlich wieder eingefallen, den der Aufseher der Zuckerfabrik ihm erteilt hatte an jenem Tag, als ein Neger in die Berge geflohen war.

Da es nicht nach Weibchen roch und die Zeiten ruhig waren, verschliefen die wilden Hunde das Abenteuer zwei Tage lang. Hoch oben strichen die Aasgeier über die Wipfel in der Hoffnung, die Hunde würden abziehen, ohne ihre Arbeit zu beenden. Perro und die graue Hündin vergnügten sich, wie sie sich nie zuvor vergnügt hatten, an dem gestreiften Hemd des

Cimarrón. Jeder zog nach seiner Seite, um die Festigkeit der Reißzähne zu erproben. Wenn eine Naht riss, rollten beide im Staub. Und fingen das Spiel mit dem immer kürzeren Fetzen von vorne an, Auge in Auge, fast Nase an Nase. Schließlich wurde der Aufbruch befohlen. Das Gebell verlor sich hoch oben in den bewaldeten Hügeln.

Viele Jahre lang mieden die Bergbewohner nachts diesen von Ketten und Knochen verdorbenen Pfad.

Viva la Revolución

Eva Karnofsky

Es wird bald so weit sein, sagte die Mutter am Morgen und strich sich über den angeschwollenen Leib, bevor sie in der Küche das Kohlenfeuer schürte, um die Milch für die beiden vierjährigen Töchter aufzusetzen und gekochten Maniok vom Vortag für ihren Mann zu braten. Er musste kräftig essen, denn die Arbeit auf dem Feld zehrte. Gott sei Dank hatte er Arbeit. Im vergangenen Jahr hatte er monatelang zu Hause gesessen, weil der Patrón nicht so viele Hände brauchte. Ein Teil seiner Tabakpflanzen war nicht angegangen, und folglich gab es weniger zu ernten. Da mussten sie von dem leben, was der halbe Hektar und das Gärtchen hinter dem Haus abwarfen, die Hortensia von ihren früh verstorbenen Eltern geerbt hatte. Zum Schluss hatten sie nicht einmal mehr Geld für Reis. Und wenn ihr Mann keinen Reis zum Essen bekam, war er unleidlich. Ein Kubaner braucht Reis, sagte er immer. Am liebsten hätte Hortensia welchen angebaut, doch er wächst nicht auf den Böden der Gegend. Hortensia betete jeden Morgen und jeden Abend zur Mutter Gottes, dass die zehn Hühner gut legten und die Kuh genügend Milch für die Zwillinge gab. Oder vielleicht sogar ein bisschen mehr, damit sie den Überschuss bei Carmen, der Nachbarin, gegen Kartoffeln oder etwas Reis eintauschen konnte. Deren

Mann Ramón war auf dem Hof des Patrón als Vorarbeiter fest angestellt.

Hoffentlich war der Herr ihr gnädig und ließ dieses Kind schnell zur Welt kommen! Einen Tag und eine Nacht hatte sie damals gekämpft, bis sie endlich die erlösenden Schreie der Zwillinge hörte. Sie hatte geglaubt, es würde sie zerreißen. Diesmal würde es einfacher, hatte die *comadrona* behauptet, und sie war eine Hebamme mit Erfahrung. Weil sie nach den Zwillingen viel weiter sei. Sie war am Heiligen Abend in die Kirche von San Juan de Remedios gefahren und hatte für die Jungfrau eine Kerze entzündet. Und ihr versprochen, dass sie auch dieses Kind, wenn es ein Mädchen würde, wieder nach ihr benennen würde. María Mercedes sollte es heißen. Auch die Zwillinge, María Antonia und María Belén, hatte sie ihr anempfohlen. Vorsichtshalber stellte sie für den Heiligen Johannes, den Schutzpatron der Stadt, ebenfalls eine Kerze auf. Wenn es ein Junge würde, sollte er wie ihr Mann seinen Namen tragen, Juan.

Hortensia fegte den gestampften Lehmboden ihres Hauses besonders gründlich. Womöglich lag sie morgen in den Wehen oder war zu schwach für die Hausarbeit. Sie scheuerte die Spülschüssel, stellte mehrere Eimer abgekochtes Brunnenwasser in die Küche, bezog das Ehebett frisch und legte Tücher bereit, wie die *comadrona* es ihr geraten hatte. Ihren Töchtern trug sie auf, ganz still und brav zu sein und zu tun, was der Vater sagt, wenn die *comadrona* kommt. Vielleicht schon morgen würden sie ein Schwesterchen oder ein Brüderchen haben. Beli wollte wissen, ob es bei ihr im Bett schlafen und ob sie ihm zu essen geben dürfe. Beli war ein aufgewecktes, tatkräftiges Kind, das man nicht aus den Augen lassen konnte. Was hatte sie nicht schon alles angerichtet! Sie hatte Erde gegessen, weil sie sie probieren wollte, die Hand ins Feuer gehalten, weil es so weich aussah, die Luft aus dem Fahrrad des Vaters gelassen, weil es so schön zischte. Und immer wieder stürzte sie oder verletzte sich. Mari dagegen war ruhig. Sie blieb am liebsten bei ihr im Haus und spielte mit den beiden Puppen, die der Patrón ihnen zu Weihnachten geschenkt hatte. Beli hatte ihre kaum jemals angerührt. Mari wollte ihr sogar schon zur Hand gehen. Sie stellte vor dem Essen die Teller auf den groben, selbst gezimmerten Holztisch, obwohl sie kaum heranreichte. Sie waren Zwillinge und doch so verschieden. Selbst äußerlich glichen sie sich kaum. Beli hatte die schwarzen, unbändigen Locken ihres Vaters geerbt, und Mari hatte glatte, braune Haare, wie sie in Hortensias Familie häufig vorkamen. Maris Haut war heller und empfindlicher und ihre Augen honigfarben, während Beli wie aus schwarzen Kohlen in die Welt blickte. Nicht einmal gleich groß waren sie, Mari überragte ihre Schwester um mindestens drei Zentimeter.

Kurz vor Einbruch der Dunkelheit kam Juan nach Hause. Der Patrón hatte ihn nach Remedios geschickt, weil er etwas für ihn einkaufen sollte. Es sei alles ruhig in der Stadt. Die Soldaten seien verschwunden, dafür patrouillierten ein paar bärtige Rebellen durch die Straßen. Als sie am Heiligen Abend die Messe besuchten, hatten sie sie auch bereits gesehen. Zwei Tage zuvor waren sie gekommen, und schon am nächsten Tag hatten sie unter dem Kommando eines Mannes, den sie den Che nannten und von dem Juan schon einmal im Aufständischen-Sender Radio Rebelde gehört hatte, die Regierungstruppen vertrieben. In der Stadt hatte es Kämpfe gegeben, doch auf dem Land war es friedlich geblieben. Der Pfarrer hatte in seiner Weihnachtsmesse dazu aufgerufen, die Aufständischen zu unterstützen, weil sie mit dem Laster in Havanna aufräumen würden. Mit den Spielkasinos und den Prostituierten. Über zweitausend arme Seelen verkauften in der Calle Virtudes ihren Körper, rief er voller Abscheu von der Kanzel. Straße der Tugenden. Welch schöner Name, dachte Hortensia und ahnte nicht, dass sie selbst einmal dort wohnen sollte. Doch wie den meisten Leuten war ihr das Laster gleichgültig. Sie hielten es mit den Rebellen, weil sie sich von ihnen ein besseres Leben erwarteten. Nach Havanna kamen sie nie, und für Kasinos und leichte Mädchen hatten sie kein Geld. Selbst der Patrón war für die Bärtigen. Auf dem Hof wurde sogar gemunkelt, er habe sie mit Geld für Waffen unterstützt. Juan schloss es nicht aus, denn schließlich gehörte der Patrón zur Orthodoxen Partei, deren Präsident Carlos Prío vor gut sechs Jahren von Diktator Batista aus dem Amt geputscht worden war. Bei einer Studentendemonstration gegen den Putsch in Havanna war ein Neffe des Patrón erschossen worden. Einige Arbeiter auf dem Hof behaupteten, der Patrón sei auch gegen Batista, weil dieser Mulatte war. Und Mulatten traute er nicht.

Der Patrón hatte Juan einmal eine Zeitschrift angeboten, in der etwas über die Ziele der Rebellen stand, doch Juan und Hortensia konnten nicht lesen. Ihre Eltern hatten kein Geld gehabt, um sie jeden Tag nach Remedios auf die Schule zu schicken, und Juan und Hortensia zerbrachen sich schon jetzt den Kopf darüber, wie sie die Bücher für drei Kinder bezahlen sollten. Und wo sollten sie das Geld für die Fahrräder hernehmen, damit die drei in die Stadt fahren konnten?

Nach dem Abendessen brachte Hortensia die Zwillinge zu Bett. Sie hatten ihr eigenes kleines Schlafzimmer in ihrem *bohío,* auf den Hortensia und Juan sehr stolz waren, weil seine Wände nicht aus Palmblättern geflochten, sondern aus dem Holz der Königspalme gezimmert waren. Viele Tagelöhner konnten sich das nicht leisten. Als sie sich gerade zu Juan auf die Bank vor dem Haus setzen wollte, spürte sie das erste Ziehen im Rücken. Juan lief gleich los, und nach einer knappen Stunde kam er mit der *comadrona* zurück. Sie war eine resolute, dicke Frau um die sechzig, und sie hatte auch schon Hortensia auf die Welt gebracht. Hortensia hatte sich bereits auf das Bett gelegt. Die *comadrona* weckte die Zwillinge unsanft und scheuchte sie aus dem Zimmer, damit sie durch die dünnen Holzwände die Schreie der Gebärenden nicht hörten und womöglich Angst bekamen. Der Vater wollte sie in die Hängematte vor der Tür legen, damit sie weiterschliefen, und Mari legte sich widerspruchslos hin. Beli bestand jedoch darauf, mit dem Vater in der Stube zu warten, bis das Kind geboren war. Nach einer Weile schlief sie auf seinem Schoß ein, und er bettete sie neben ihre Schwester. Eine Stunde vor Mitternacht war María Mercedes geboren. Sie war größer und schwerer als ihre Schwestern bei der Geburt. Die *comadrona* wickelte sie, befestigte einen kleinen, schwarz glänzenden Gagatstein an einem roten Stoffband gegen den bösen Blick an der Windel und gab Juan seine dritte Tochter auf den Arm. Dann wandte sie sich wieder der Mutter zu. Nach einer Weile ging sie hinter das Haus, um die Plazenta zu vergraben, und dann verabschiedete sie sich. Juan legte das Kind neben die Mutter und holte einen Teller mit Weintrauben an ihr Bett. Er hatte sie aus Remedios mitgebracht, obwohl sie ein Vermögen kosteten. Als die Küchenuhr zwölf schlug, aßen beide zwölf Trauben, die ihnen Glück im kommenden Jahr bringen sollten. Erst zwei Tage später, als Juan wieder auf den Hof ging, erfuhr er, dass Batista und seine engsten Getreuen in der Silvesternacht in einem Flugzeug das Land verlassen und die Rebellen in Santiago de Cuba Einzug gehalten hatten. Die Bevölkerung hatte ihnen einen triumphalen Empfang bereitet. Der Patrón war so selig, dass er jedem Arbeiter etwas Geld schenkte. Er war kein schlechter Patrón. Nie hatte er einem Tagelöhner die *Guardia Rural,* die Landpolizei, geschickt, um ihn mit Gewalt von dem Stückchen Land zu vertreiben, das er nach Feierabend bearbeitete. Sein Vater allerdings hatte sich auf diese Weise Felder angeeignet, damals, als Hortensia noch ein kleines Mädchen war, in den Dreißigerjahren. Ihre Eltern hatten immer davon erzählt und manchmal selbst gezittert. Ihre Familie traf es jedoch nie. Wie oft hatten sie gehört, dass Großgrundbesitzer auch in den letzten Jahren noch die Äcker ihrer Leute mithilfe der Guardia stahlen! Selbst ein Besitztitel nützte da nichts, denn die Großbauern bestachen Justiz und Landpolizei. Ihr Patrón lag auch nicht faul in der Hängematte, sondern fasste selbst mit an. Er hielt nun eine kleine Ansprache, dass es jetzt wieder aufwärtsgehen würde. Dass niemand mehr fürchten müsse, auf offener Straße erschossen zu werden. Und dass Kuba nun nicht mehr länger den amerikanischen Freunden Batistas, sondern den Kubanern gehören würde.

Die Tabakernte begann, und Juan hatte das Gefühl, dass ihm die Arbeit in diesem Jahr beinahe leichtfiel. Zuerst wurde die unterste Blätterreihe der fast mannshohen Pflanzen geerntet. Jedes Blatt musste einzeln mit der Hand vom Stamm gelöst werden, mit einer sicheren Bewegung, mit einem ganz leichten Ruck. Abends spürte er seinen Rücken nicht mehr, wenn er sich den ganzen Tag gebückt von Pflanze zu Pflanze bewegt hatte. Und ihm schmerzten die Hände von der immer gleichen Bewegung. Doch es herrschte Hochstimmung unter den Leuten, und das riss ihn mit. Alle glaubten, dass bald große Dinge geschehen würden. Aus dem Radio erfuhren sie, dass die Arbeiter und Studenten von Havanna die Rebellen mit einem Streik unterstützten und der Comandante von Santiago de Cuba aus zu einer Reise durch viele Städte des Landes aufgebrochen war und überall jubelnd empfangen wurde. Der Patrón lud seine Leute sogar ein, die erste Rede des Comandante im Fernsehen anzuschauen. Der bärtige Rebell imponierte Juan, wie er da so selbstsicher vor der Menschenmenge stand, eine dicke Zigarre im Mundwinkel. Der Patrón klatschte in die Hände, als der Comandante Wahlen, eine freie

Presse und ein Ende der Folter versprach, doch Juan gefiel am besten, dass er versicherte, das Volk solle von nun an nie wieder betrogen werden. Juan war bereits um so vieles betrogen worden in seinem Leben. Was hatten die verschiedenen Präsidenten über die Jahre nicht schon alles versprochen: mehr Land für die armen Bauern, feste Arbeit für die Tagelöhner, eine Stromleitung, fließendes Wasser und eine Schule für die Landkinder. Gehalten hatten sie nie etwas.

In den vergangenen Jahren hatte Hortensia während der Erntezeit auch stundenweise auf dem Hof gearbeitet. Sie hatte mit anderen Frauen die Tabakblätter an große Holzstangen genäht, an denen sie in den Speicher zum Trocknen gehängt wurden. Die Zwillinge spielten dann in ihrer Nähe. In diesem Jahr fesselte das Neugeborene sie ans Haus. María Mercedes gedieh prächtig. Sie war ein ruhiges Baby, das der Mutter Zeit ließ, ihre Arbeit zu machen. Auch die Hebamme war mit ihr zufrieden. Hortensia erholte sich schnell von der Geburt, und sie dankte es der Jungfrau, dass diesmal alles so gut gegangen war. Sie würde ihr bald wieder eine Kerze anzünden müssen.

Die Zwillinge waren überglücklich mit ihrer Schwester. In den ersten Tagen bewegten sie sich nur auf Zehenspitzen, um das Baby nicht zu wecken. Dann hatten sie sich daran gewöhnt und vergaßen, dass sie doch eigentlich leise spielen wollten. Gebannt schauten sie zu, wenn Hortensia die Kleine stillte und wickelte. Sie nannten sie Chachi, denn María Mercedes war ihnen zu lang. Und sie rissen sich darum, den Säugling auf den Arm zu nehmen. Mehr denn je wartete Hortensia, dass ihr Mann abends nach Hause kam, damit er ihr die politischen Neuigkeiten erzählte, die er vom Hof mitbrachte. Eine Nachbarin hatte ihr berichtet, dass einer der Polizisten aus Remedios das Land Hals über Kopf verlassen habe. Er war unter den Bauern als Schläger bekannt, und es hieß, er solle Verhaftete gequält haben. Als er hörte, dass die Bärtigen mit besonders grausamen Polizisten und Soldaten kurzen Prozess machten, hatte er die Flucht ergriffen. Hortensia hatte kein Mitleid mit den Folterknechten. Wie viele arme Leute hatten sie grundlos zusammengeschlagen und beraubt, ja sogar umgebracht! Sollten sie sie nur erschießen, damit niemand mehr vor ihnen Angst haben musste.

Allmählich wurde es wieder ruhiger um die Bärtigen, zumindest in Remedios. Nur in Havanna und im Escambray-Gebirge explodierte ab und zu eine Bombe, weil sich offensichtlich immer noch Leute gegen die neue Regierung wehrten. Hortensia glaubte schon, für die Armen würde wieder nichts herausspringen nach der Revolution, als Juan irgendwann im März mit der Nachricht nach Hause kam, der Patrón habe die Löhne erhöht, weil die Regierung dies befohlen habe. Am nächsten Tag erzählte ihr die Frau des Vorarbeiters, der Patrón sei wütend gewesen. Sie waren doch alle gleich, die Reichen, stellten die Frauen fest. Es sollte alles besser werden, nur sie selbst wollten nichts dafür tun! Bald war die Tabakernte eingebracht, dann würde Juan wohl wieder ohne Arbeit sein. Trotz Revolution. Ob sich daran jemals etwas ändern würde?

Am Sonntag in der Kirche hörte Hortensia, dass die Mieten per Gesetz um die Hälfte gesenkt und die Medikamente auf Anordnung der neuen Regierung im Preis herabgesetzt worden waren. Sie waren aber auch unerschwinglich gewesen! Gott sei Dank brauchten sie fast nie Arzneimittel, denn Hortensia hatte von ihrer Mutter so manches Hausmittel übernommen, das gar nichts kostete. Gegen Darmparasiten, wie sie die Kinder häufig hatten, machte sie Saft aus den kleinen Früchten des wilden Ananasstrauches. Hatte sich jemand verkühlt, kochte sie die Blätter der Kletterpflanze Bejuco Ubí aus und verabreichte den Sud. Hatte sie Kopfschmerzen, legte sie sich Basilikumblätter auf die Stirn. Sie wirkten genauso gut wie die weißen Tabletten, die ihr ihre ältere Schwester Clara einmal aus der Hauptstadt mitgebracht hatte und die dann später im Magen brannten. Wie es Clara wohl erging? Wenn Juan von den Bomben in der Hauptstadt erzählte, hatte sie immer Angst um sie.

Juan berichtete, dass der Patrón inzwischen gar nicht mehr so begeistert war von den Rebellen. Sein Bruder, der Mietshäuser in Remedios besaß, hatte nun geringere Einkünfte. Und er selbst musste die Lohnerhöhungen bezahlen. Zudem ging das Gerücht, dass er seine Tagelöhner demnächst fest anstellen müsste. Ein Segen wäre das, da waren sich Juan und Hortensia einig. Aber sie wollten sich lieber nicht zu früh freuen.

Als Juan eines Morgens auf den Hof kam, es muss im Juni gewesen sein, herrschte dort helle Aufregung. Die Leute waren bereits auf dem Platz vor dem Tabaksilo versammelt, denn der Patrón wollte zu ihnen sprechen. Um sich von ihnen zu verabschieden! Man hatte ihn enteignet, wie alle Landbesitzer, deren Höfe besonders groß waren. Nur sein Haus und eine Caballería Land von den vierhundertfünfzig, die er besaß, durfte er behalten. Er war außer sich vor Zorn, hatte er doch mit seinem Geld dabei geholfen, die Bärtigen an die Macht zu bringen. Zwar würde er zur Entschädigung Schuldentitel des Staates erhalten, doch was waren die schon wert? Er würde Kuba verlassen und mit dem Geld, das ihm verblieb, in Florida eine neue Farm aufbauen. Seine Frau packte bereits. Er ging durch die Reihen seiner Arbeiter und verabschiedete sich von jedem Einzelnen mit einem Handschlag. Juan hatte fast schon Mitleid mit ihm.

Doch was würde jetzt aus ihnen? Niemand wusste es. Würde der Staat das Land übernehmen? Erst ein paar Tage später kam die gute Nachricht: Das Land würde unter den Arbeitern aufgeteilt! Jeder von ihnen sollte künftig Herr über eine Caballería Land sein. Das INRA, das Institut für die Agrarreform, dessen Chef nun der Comandante war, nahm die Verteilung vor, und in ein paar Wochen würden sie sich ihre Besitztitel im INRA-Büro in Remedios abholen können. Landbesitzer! Juan und Hortensia jubelten. Sie würden ihr eigenes Feld bebauen, ihren eigenen Tabak ernten. Die Mädchen würden die Schule besuchen, und nie wieder würde es ihnen an Reis mangeln. Sie luden die Nachbarn ein, schlachteten eine Henne für einen riesigen Topf Huhn mit Reis, und die Männer genehmigten sich einen ordentlichen Schluck Rum. Die Feier endete erst im Morgengrauen. »*Viva Cuba, Viva la Revolución, Viva el Comandante*«, riefen sie jedes Mal, wenn sie miteinander anstießen.

Als Hortensia am nächsten Sonntag wieder zur Kirche ging, zündete sie eine große Kerze für die Jungfrau an, als Dank, dass sie ihrer Familie zu mehr Land verholfen hatte. Und sie kaufte vor der Kirchentür ein Foto von den bärtigen Comandantes der Revolution und hängte es über die Kommode in der Stube. Wie schön sie waren! Ihr gefiel Camilo Cienfuegos am besten, der Arbeitersohn aus Havanna, denn er sah ein bisschen aus wie Juan. Er war einer von ihnen, ein schlichter Mann aus dem Volk. Ihre Freundin und Nachbarin Carmen, die Frau des Vorarbeiters, war dagegen von dem argentinischen Arzt Che Guevara begeistert. Er sehe so zärtlich aus, meinte sie. Und habe schließlich Remedios befreit. Juan aber hielt es mit dem Comandante, dem stehe im Gesicht geschrieben: Er weiß, was er will. Als Anwalt kenne er zudem die Gesetze und wisse, wie man neue, bessere macht. Das habe er ja schon bewiesen. Als Sohn eines reichen Großgrundbesitzers könnte er ein schönes Leben führen, doch er setzte sich für die armen Leute ein. Auch das rechnete Juan ihm hoch an.

In den nächsten Wochen schufteten sie wie selten zuvor. Die Zitronen hinter dem Haus waren reif, und das neue Feld musste für die Tabakaussaat vorbereitet werden. Sie beschlossen, nicht nur Tabak, sondern auch etwas Mais und noch mehr Gemüse für die eigene Küche anzubauen. Damit sie nie wieder Not leiden müssten. Gemeinsam mit dem früheren Vorarbeiter und dessen Frau zimmerten sie ein Holzhaus, in dem sie im nächsten Januar die Tabakblätter würden trocknen können. Da ihre Parzellen aneinandergrenzten, wollten sie sich den Tabakspeicher teilen. Hortensia half mit, während die Zwillinge auf dem Feld spielten und Chachi in einem Körbchen schlief. Sie unterbrach ihre Arbeit nur, wenn die Kleine gestillt werden musste. Wie viel Freude machte es, auf dem eigenen Land zu arbeiten!

Fidel

Alma Guillermoprieto

Am 26. Juli 1953 überfielen etwas mehr als hundert junge Leute, bewaffnet mit großer Zuversicht und schlechten Gewehren, das militärische Hauptquartier von Santiago, der zweitgrößten Stadt auf Kuba, und scheiterten. Der Anführer bei diesem Abenteuer war Fidel Castro, geboren knapp sechsundzwanzig Jahre zuvor auf einer prosperierenden Zuckerrohrplantage als illegitimer Sohn einer armen, des Lesens und Schreibens mühsam kundigen Frau und eines wohlhabenden Plantagenbesitzers.

»*¡Patria o muerte! ¡Venceremos!*« Die patriotischen Schlachtrufe, die in Cubanacán nur als fernes Raunen zu hören gewesen waren, ertönten hier, an der belebten Rampa-Kreuzung, wie Donnerhall. Der 26. Juli rückte näher, und überall tauchten Plakate mit Che-Porträts oder abstrakten Darstellungen der Moncada-Kaserne auf und beflügelten meine Fantasie, in der sich Ernesto Guevara und die Moncada in einem strahlenden Moment der Geschichte vereinten, als hätte Che auf demselben Kalvarienberg sein Leben für uns gegeben, auf dem der besiegte Fidel gelobte, er werde wiederkommen und triumphieren. Und nicht nur ich erlag dieser Illusion. Die Geschichte der Revolution wurde als Abfolge unmittelbar zusammenhängender, vorherbestimmter Ereignisse gelehrt: Der Sieg der Revolution und die Existenz ihrer Helden waren, so erfuhr ich, eine unvermeidliche Folge des Sturms auf die Moncada.

Dabei war der Angriff auf die Kaserne ein Fiasko, eine Verkettung unglücklicher Zwischenfälle, die Fidel jederzeit das Leben hätten kosten oder ihm seinen revolutionären Elan für immer hätten rauben können. Weder für seine Biografen noch für diejenigen unter uns, die ihn als überlebensgroß sahen, bestand der geringste Zweifel, dass der Fidel der Moncada auf sehr fundamentale Weise mit dem Fidel der *Zafra de los diez millones* identisch war: verwegen, kühn, stets auf der Suche nach einer alles umfassenden Aktion und nach Ruhm. Er war ein großer politischer Romantiker im Stil des 19. Jahrhunderts, doch mit gewissen Besonderheiten des 20. Jahrhunderts – etwa dem Marxismus-Leninismus – und einer ihm eigenen Idiosynkrasie: Er untermauerte seinen Glauben an den unmittelbar bevorstehenden Triumph mit einer bezwingenden, detaillierten Flut von Zahlen, Statistiken, Argumenten und historischen Rechtfertigungen. Mit derselben Faszination, die er jetzt auf mich ausübte, musste er viele Jahre zuvor auch jene Freiwilligen rekrutiert haben, die ihm zur Moncada gefolgt waren – mit der unwiderstehlichen Macht seiner Persönlichkeit, aber auch mit penibel ausgearbeiteten Grafiken und präzisen Zeitplänen, Budgets und zeitlichen Vorgaben zur Waffenbeschaffung. Angesichts dieser Lawine »objektiver« Fakten gab es nur zwei Möglichkeiten: Entweder man folgte dem Helden, oder man blieb als Feigling im Staub zurück. Fidels Analysen waren so genau, seine Sache derart gerecht – und sein Mut so groß! –, dass er für sein Scheitern nicht verurteilt werden durfte: Fidel nahm es mit dem Schicksal auf, und wer gegen das Schicksal antritt, kann manchmal natürlich auch verlieren.

Im Morgengrauen jenes weit zurückliegenden Tages in Santiago de Oriente gewann das Schicksal. Die Aktivistengruppe, die sich später *Movimiento 26 de Julio* nennen sollte, hatte zu dem Zeitpunkt noch keinen Namen. Es war eine vorwiegend aus Männern bestehende Vereinigung – Angestellte und Bauarbeiter, Studenten und Akademiker, die an Fidel glaubten und an eine Sache, die sie gelegentlich als *fidelista* bezeichneten. Die genaue Strategie hinter diesem Angriff ist nach wie vor unklar, aber im Wesentlichen ging es darum, die Moncada-Kaserne zu besetzen und dadurch die Armee zu demoralisieren und einen Volksaufstand auszulösen. Die Rebellen sammelten sich im Laufe mehrerer Monate in Havanna, organisierten sich allerdings in Zellen, um nicht von Batistas Polizeitruppen entdeckt zu werden. Fidels Anhänger – schon weit über tausend – trainierten Kampftechniken, während der Anführer und sein engster Gefährte, Abel Santamaría, Waffen beschafften. Keiner der beiden hatte militärische Erfahrung, aber Fidel studierte einen Grundriss der Kaserne und entwarf die taktische Strategie. Er beschloss, den Angriff in der Woche des berühmten Juli-Karnevals in Santiago durchzuführen, wenn viele Soldaten Urlaub hatten und die Kampfbereitschaft der restlichen beeinträchtigt war. Zudem bot der Karneval den Vorteil, dass die Rebellen bei ihrer Ankunft aus Havanna sofort in den feiernden Menschenmengen untertauchen konnten. Mit der Hilfe eines befreundeten Dichters schrieb Fidel eine lange Erklärung, mit der im Rundfunk der geglückte Umsturz verkündet werden sollte. Fidels damalige Geliebte, die schöne, wagemutige Ehefrau eines Arztes aus der Oberschicht, wählte die Musik, die während der Verlesung dieser Meldung im Hintergrund spielen würde: Beethoven und Chopin.

Doch weder erklangen die Akkorde der *Pathétique,* noch war die Proklamation selbst zu hören. Vielmehr passierte am Morgen des geplanten Angriffs genau das, was in solchen Momenten oft passiert: Alles, was nur schiefgehen konnte, ging schief. Einige *compañeros* verirrten sich in den Straßen der ihnen fremden Stadt und fanden nicht rechtzeitig zum Treffpunkt. Andere fuhren in einem Wagen, der mit einer Panne liegen blieb. Die Militärpatrouille, die zu einer bestimmten Zeit vorbeimarschieren sollte, verspätete sich um ein paar Minuten, und der wachhabende Offizier, der überhaupt nicht vorbeikommen sollte, erschien im schlimmsten Moment. Der Motor des Buick, den Fidel steuerte, blieb im Augenblick des Angriffs stehen. Und so weiter. Einige Rebellen starben schon während dieses Fiaskos, viele weitere kamen während der folgenden entsetzlichen Tage ums Leben, in denen sie gejagt und gefoltert wurden. Die meisten Anführer konnten fliehen, aber nicht Abel Santamaría, dessen Augen die Soldaten seiner Schwester Haydée zeigten, und auch nicht Haydées Freund Boris Santa Coloma, den sie noch kastrierten, ehe sie ihn ermordeten.

»Fidel soll diese Woche beim Tauchen gewesen sein. An einem Strand, an dem es paradiesisch sein muss, ganz in der Nähe der Schweinebucht«, erzählte Nancy beim Kaffee. Sie hatte Freunde, die über alles, was mit der Revolution zusammenhing, sehr viel besser informiert waren als die meinen. »Und offenbar stimmt es wirklich: Celia Sánchez ist seine *compañera.*«

Wir gierten förmlich nach Einzelheiten über Fidels Liebesleben, weil wir uns der heimlichen Hoffnung hingaben – zumindest galt dies für mich –, es könnte sich eine Lücke auftun, durch die wir, die wir uns nach seiner erleuchtenden Umarmung sehnten, zu ihm vorzudringen vermöchten. Das war auch der Grund, weshalb ich Celia Sánchez nicht sonderlich leiden mochte – sie war die Konkurrenz, und das, obwohl sie noch weniger attraktiv war als ich. Zumindest ist das der einzige Grund, den ich mir heute für die ausgeprägte Antipathie vorstellen kann, die ich vom ersten Moment an gegen diese Frau empfand. Dabei hieß es, sie arbeite schwer, sei bodenständig und meinem Idol bedingungslos ergeben, und in der Tat war sie bis zu ihrem Tod 1980 die wichtigste Frau in Fidels Leben. Nancy, die mir immer sehr gut informiert erschien, bewunderte Celia sehr. Als gewissenhafte Feministin führte sie eine Liste aller Frauen, die in Kuba Einfluss hatten – gerade weil es so wenige waren, wie sie sagte. Dieser Makel, der mich nicht weiter berührte, stand im Zentrum der wenigen negativen Äußerungen, die Nancy über den revolutionären Prozess machte. Sie kritisierte, dass nach einem Jahrzehnt sozialistischer Herrschaft noch immer keine vollkommene Gleichheit herrschte, und prangerte den Rassismus in der kubanischen Gesellschaft an – der in der Tat allgegenwärtig war und von der Revolution nur halbherzig bekämpft wurde – sowie die Situation der Frauen. »Es gibt Haydée«, zählte Nancy auf, »Celia Sánchez, Melba Hernández« – die dem Komitee zur Verteidigung der Revolution vorstand – »und Vilma« – die Frau von Raúl Castro, Vilma Espín, die einige Freunde immer nur als »kleinen Mäuseschiss« bezeichneten. »Nicht gerade viele, und schlimmer noch, sie kommen alle aus der Zeit des Kampfs im Untergrund und des *Movimiento 26 de Julio*. Da hatten ja die Frauen bei der Guerillabewegung noch mehr zu sagen als heute.«

Es stimmte, nur wenige Frauen hatten wirklich Einfluss, aber diesen wenigen verdankte Fidel sehr viel. Melba Hernández war während der Vorbereitungen für den Sturm auf die

Moncada-Kaserne zusammen mit Haydée eine wertvolle Nachhut gewesen. Vilma Espín hatte in der Zeit, in der sich die Guerillas in der Sierra Maestra versteckt hielten, Kurierdienste geleistet. Celia – Kurierin, Verbindungsfrau, Sekretärin, Organisatorin, Beraterin und Ehefrau – stieß zum *Movimiento 26 de Julio,* während Fidel im Gefängnis saß, verführt von der Kühnheit des Helden der Moncada und vielleicht auch von der Rede, die er als sein eigener Anwalt am letzten Prozesstag gehalten hatte.

Zu der Zeit stand das ganze Land noch unter Schock wegen des Angriffs auf die Kaserne und wartete auf Informationen über das Schicksal der Rebellen, die gefasst worden waren. Ein Journalist schmuggelte eine belichtete Filmrolle mit Bildern der toten und gefolterten Opfer aus dem Gefängnis. Einige behaupteten, der Anführer des vereitelten Aufstands sei gefangen genommen und getötet worden. Andere sagten, ihm sei die Flucht gelungen.

Tatsächlich verhielt es sich wie folgt: Als der Sturm auf die Moncada beginnen sollte, war Fidel sechsundneunzig Stunden, ohne zu schlafen, im Einsatz gewesen, doch konnte er sich noch so weit auf seine Reflexe verlassen, um sofort zu begreifen, dass die Besetzung der Kaserne gescheitert war. Dreißig Minuten später rief er zum Rückzug auf und floh mit einigen Genossen aufs Land. Am sechsten Tag entdeckte ihn eine Militärpatrouille in einer einfachen Hütte, wo er tief und fest schlafend neben zwei Kameraden am Boden lag – so stand es zwar nicht in den Geschichtsbüchern, doch so erzählte man es sich im Privatkreis mit der klammheimlichen Freude, die es bereitet, wenn man einen kleinen Riss in der Fassade scheinbar unverwundbarer Menschen findet.

Wäre Fidel ein gewöhnlicher Rebell gewesen, hätte die Geschichte damit vermutlich ihr Ende gefunden. Aber dieser

Mann war nicht zu vergleichen mit den Abenteurern, die ein paar Jahre zuvor das Attentat auf den dominikanischen Diktator Rafael Leonidas Trujillo verübt hatten, oder mit denen, die von Zeit zu Zeit einen Aufstand gegen Anastasio Somoza in Nicaragua anzettelten, und natürlich auch nicht mit den anticastristischen Elementen, die trotz großzügiger finanzieller Unterstützung durch die Vereinigten Staaten in der Schweinebucht überstürzt den Rückzug antreten mussten. Nein, Fidel war einer, der keine Niederlage akzeptiert, weil er genau weiß, dass er nicht scheitern kann: Es sind nur die Umstände, die ihn im Stich lassen.

Drei Monate, nachdem er in Ketten aus den Bergen abgeführt worden war, hielt der Anführer der *fidelistas* vor Gericht sein eigenes Schlussplädoyer. Die Richter, die ihm an jenem Vormittag in Santiago zuhörten, müssen zutiefst beeindruckt gewesen sein: Sowenig sie seiner Meinung auch zustimmen mochten, er war ein brillanter Redner, der den Prozess gegen sich mit geschliffenen Erklärungen und einer faszinierenden Fülle präziser Fakten in ein Tribunal über das Regime von Fulgencio Batista verwandelte, dessen Willkür, Korruption und himmelschreiende Ungerechtigkeit er anprangerte: »Nur ein Mann hat in all den Jahrhunderten seine Klauen in zwei Generationen von Kubanern geschlagen.« Fidel verlas die revolutionären Gesetze, die gleich nach der Besetzung der Moncada-Kaserne hätten verlesen werden sollen: Abschaffung der Batista-Verfassung, Land für alle Kleinbauern, eine dreißigprozentige Beteiligung aller Industriearbeiter an den Gewinnen ihrer Fabriken. Den Aufstand rechtfertigte er mit zahlreichen Zitaten: »John Locke vertritt in seiner Abhandlung über die Regierung die These, dass ein Volk, wenn das natürliche Recht gebrochen wird, das Recht und die Pflicht hat, seine Regierung abzuschaffen oder zu verändern.« Fidel sprach vier Stunden lang und erklärte abschließend flammend und voll

Inbrunst: »Verurteilen Sie mich, es tut nichts zur Sache. Die Geschichte wird mich freisprechen!«

Es war eine epische Rede, doch unter normalen Umständen wäre sie vierundzwanzig Stunden später der Vergessenheit anheimgefallen. Die Richter befanden Fidel für schuldig, fällten das Urteil – fünfzehn Jahre Zuchthaus auf der Isla de Pinos, zunächst in Einzelhaft von unbestimmter Dauer – und wandten sich dem nächsten Fall zu. Doch Fidel war kein Mann, der es jemandem gestattet hätte, ihn zu vergessen. In den folgenden Wochen rekonstruierte und ergänzte er, was er vor den Richtern gesagt hatte, brachte es mit unsichtbarer Zitronensafttinte zu Papier, das er in einzelnen Blättern aus dem Gefängnis schmuggeln ließ, und sorgte dafür, dass die Rede von seinen juristischen Unterstützern abgetippt und in über zwanzigtausend Exemplaren verteilt wurde. So avancierte der romantische, zornige Text, der heute unter dem Titel *La historia me absolverá* bekannt ist, zum Eckpfeiler der kubanischen Revolution.

Vielleicht schloss sich Celia Sánchez dem *Movimiento 26 de Julio* an, nachdem sie diese Rede gelesen hatte. Wie Castro kam sie aus der Provinz Oriente, und auch sie stammte aus der Mittelschicht und hatte langjährige Erfahrung als Aktivistin (obwohl das radikale Engagement in ihrem Fall auf ihren Vater zurückging, einen bekannten Arzt und sozial engagierten Menschen). Schon bald nach ihrem Beitritt wurde ihr die Aufgabe übertragen, Essen zum Tor des Gefängnisses zu bringen, und als die Bewegung fast auseinanderzufallen drohte, engagierte sie sich mit ihrem beträchtlichen Organisationstalent für deren Erhalt. In Kuba war es üblich, dass der amtierende Machthaber am Vorabend einer Wahl eine Generalamnestie für politische Gefangene erließ. Fulgencio Batista, der seinen Machtanspruch durch Wahlen legitimieren wollte, nachdem er 1952 mit einem unblutigen Staatsstreich ein zweites Mal die

Macht ergriffen hatte, folgte dieser Tradition aber nicht. Vor allem weil Celia Sánchez unermüdlich dafür geworben hatte, gingen viele Kubanerinnen auf die Straße und forderten eine Amnestie für die Verantwortlichen des Sturms auf die Moncada. Im Mai 1955 kam Fidel aus dem Gefängnis frei, sechs Wochen später ging er nach Mexiko ins Exil. Am 2. Dezember 1956 kehrte er an Bord der Jacht *Granma* (benannt nach der Großmutter des ursprünglichen Besitzers) und in Begleitung Che Guevaras nach Kuba zurück. In der Sierra Maestra traf Celia wieder mit ihm zusammen. Zwei Jahre später, am 1. Januar 1959, besetzten die Rebellen unter dem Kommando Fidel Castros die Hauptstadt.

Es war der Moment der größten Euphorie in der Geschichte der kubanischen Revolution, die gesamte Bevölkerung strömte auf die Straßen, um die *barbudos* zu begrüßen. Warum wurde dann der 26. Juli so viel ausgelassener gefeiert als der 1. Januar?, fragte ich mich damals, nachdem ich eine weitere Geschichtsbroschüre zu Ende gelesen hatte. Vielleicht, so denke ich heute, weil die Geschichte des tragischen Morgengrauens packender und dramatischer ist als die des triumphalen Einzugs in Havanna. Vielleicht, weil die Revolution die überragende Bedeutung des *Movimiento 26 de Julio* vor allen konkurrierenden und rivalisierenden Oppositionsbewegungen hervorheben wollte. Vielleicht, weil der 1. Januar ein kollektiver Feiertag für alle Kubaner und ihre Guerilla-Nachkommen war, während die unbestrittene Hauptfigur des 26. Juli und von *La historia me absolverá* Fidel war. Das verstand jeder in Kuba. Er war die Revolution, und seine Mitstreiterinnen – Haydée, Melba, Vilma, Celia – unterstrichen diese Tatsache mit ihrer beispielhaften weiblichen Hingabe.

Würde

Hans Herbst

Als der alte Mann den Ausländer sah, dachte er wieder an seine Tochter. Er hatte die ganze Zeit über an seine Tochter gedacht, aber als der Hunger kam, hatte er sie für eine Weile vergessen. Jetzt dachte er wieder an sie und daran, dass morgen ihr Geburtstag sein würde. Sie wohnte im Barrio Chicharrones, und er würde lange gehen müssen, aber sie war eine gute Tochter, die einzige, und er würde nur gehen können, wenn er ein Geschenk mitbrachte. Es wäre nicht richtig, ohne Geschenk bei ihr aufzutauchen und darauf zu warten, dass sie ihm einen Teller Bohnen mit Reis gab und vielleicht sogar ein Bier. Ein Stück Seife wäre ein gutes Geschenk, sie würde sich freuen, Seife war schwer zu bekommen. Aber dafür müsste er in eine *tienda* gehen, in ein Devisengeschäft, wo man mit Dollars bezahlt.

Er hatte keine Dollars. Er saß jeden Tag auf einer Bank im Parque Cespedes und sah Kubaner in diese Tiendas gehen und mit ausländischen Sachen wieder herauskommen, und dann dachte er, dass diese Leute im Tourismus arbeiten oder Verwandte in Miami haben, die ihnen Geld schicken. Seit der Dollar freigegeben war, hatten die Leute nichts anderes mehr im Kopf. Dass einige der jungen Frauen auf ihre eigene Art im Tourismus arbeiteten, wusste er, aber er verachtete sie nicht dafür.

Der Ausländer saß im Schatten auf einer Bank, rauchte einen *puro* und schrieb etwas in ein Heft. Er glaubte, ihn schon einige Male gesehen zu haben. Es war noch früh am Morgen, und um diese Zeit frühstückten die Ausländer in ihren Hotels, wie er gehört hatte, aber dieser saß ganz gelassen auf einer Bank und schrieb. Seltsam, dachte der alte Mann und blieb stehen. Es waren noch keine Bettler im Park, und die geschmeidigen Gauner, die gefälschte Cohibas und Monte Christos an Touristen verkauften, waren auch noch nicht aufgetaucht. Er sah den alten Richter in seiner geflickten Jacke und der immer scharf gebügelten Hose auf einer Bank sitzen, und weiter hinten den Pianisten Ángel Navarro, der jedem von den Zeiten erzählte, als die Frauen sich auf sein Klavier setzten und er das Wort Gicht nicht einmal buchstabieren konnte. Die anderen würden später kommen, und er war froh darüber. Sie mochten ihn nicht besonders, er riecht schlecht, hatte der Richter einmal gesagt, und dass die meiste Zeit seine Hose offen stand, hatte er nie bemerkt. Er bemerkte einiges nicht mehr, aber dieser Ausländer hatte seine Aufmerksamkeit.

Ich könnte es versuchen, dachte er langsam, es sind nur wenige Leute im Park, und wenn ich meine Würde verliere, ist das ausschließlich meine Sache, und keiner bemerkt etwas. Aber dieser Mann ist ein Weißer, und ich habe gehört, dass einige von ihnen mit Negern nichts zu tun haben wollen. Oder mit *mulatos?* Ich bin ziemlich hellhäutig. Er ging ein paar Schritte und presste dabei den zerschlissenen Leinenbeutel gegen die Brust, in dem sich die *Granma* befand, die er in einem Papierkorb gefunden hatte. Er brauchte sie dringend als Toilettenpapier.

Als der Ausländer den Kopf hob und die Zigarre aus dem Mund nahm, blieb er stehen. Hatte er ihn gesehen? Der Mann trug eine runde Brille, ähnlich der seinen, aber wahrscheinlich waren die Gläser nicht so dick, weil er jünger war. Wenn er ihn gesehen hatte, war das nicht gut für sein Vorhaben, er könnte dann nicht einfach auf den Mann zugehen und sich neben ihn setzen, es würde zu sehr wie geplant aussehen und könnte alles ruinieren. Sein Herz tat ein paar unruhige Schläge, und als der Mann den Kopf senkte und wieder zu schreiben begann, dachte er, er hat mich nicht gesehen, er hat auch gar nicht in meine Richtung geblickt. Oder doch? Ist er vielleicht einer von diesen ausländischen Journalisten und macht jetzt Notizen über einen alten Kubaner, der eine alte braune Hose trägt und ein geflicktes Hemd und Pockennarben im Gesicht hat? An die Narben und die dicke Nase hatte er sich lange nicht gewöhnen können, aber irgendwann war es ihm egal, wie sein Gesicht aussah. Jetzt wurde es ihm wieder bewusst.

Er ging langsam weiter und dachte dabei an seine Tochter und dass er es tun müsste – für sie müsste er es tun. Sein Mund war sehr trocken. Er hätte jetzt gerne ein Glas Wasser getrunken, aber das musste er auf später verschieben. Später, wenn alles vorbei war, würde er in die Cafeteria Marylin gehen und sich eine Tasse Mischkaffee kaufen. Er hätte dann etwas Warmes im Magen und könnte in Ruhe seine Pläne machen.

Die alte Gärtnerin in ihrem grünen Arbeitsanzug winkte zu ihm herüber, aber er tat so, als würde er sie nicht sehen. Wenn sie ihn beobachtete und sah, was er tat, würde die Geschichte schnell die Runde machen, und er hätte seine Würde verloren. Davor fürchtete er sich. Ein Lastwagen kam die Calle Félix Peña herauf, und dichter schwarzer Rauch aus seinem Auspuff trieb schnell wie fettiger Nebel durch den kleinen Park. Der alte Mann spürte wieder den Druck in der Brust. Er hielt sich eine Hand vor den Mund, und der Husten kam heiser und trocken und schmerzhaft. Nur das nicht, dachte er, nicht jetzt, das ist jetzt ziemlich überflüssig. Der Arzt hatte ihm nach der letzten Untersuchung ein Rezept für ein Medikament gegeben, aber in der Apotheke hatten sie nur gelächelt und die

Köpfe geschüttelt. »Auf dem Schwarzmarkt, Großvater, aber nimm genügend Dollars mit.« Das hatte überhaupt nicht spöttisch geklungen. Er hustete noch einmal und spuckte auf den Boden, und dünne Speichelfäden liefen über sein unrasiertes Kinn. Er bemerkte es, nahm den alten Lappen aus der Tasche, den er als Taschentuch benutzte, und wischte sich das Kinn trocken. Er hoffte sehr, dass der Ausländer ihn nicht dabei beobachtete. Als er den Lappen wieder verstaute, fiel ihm ein, dass er etwas ganz Wichtiges gar nicht bedacht hatte. Was würde sein, wenn der Mann kein Spanisch verstand? Er blieb stehen. Das wäre schrecklich, sein ganzer Plan würde nicht funktionieren.

Sein Plan? Hatte er überhaupt einen Plan? Ich habe keinen, dachte er, ich weiß nicht, wie ich vorgehen soll, aber das liegt daran, dass ich noch nie mit einem Ausländer gesprochen habe, ich weiß nicht, wie sie sind, ich weiß nur, dass einige keine Neger mögen. Ich muss einen Plan machen. Er senkte den Kopf und dachte über alles nach, aber seine Gedanken entfernten sich und waren wieder bei seiner Tochter und den Medikamenten und anderen Dingen, und nach einiger Zeit, die ihm sehr lang vorkam, wandte er sich um nach der ockerfarbenen Kathedrale in seinem Rücken, und er blickte hinauf und sagte leise: »Ein bisschen Hilfe könnte ich gebrauchen.« Er presste wieder den Leinenbeutel mit der *Granma* gegen seine Brust und ging weiter. Wenigstens habe ich die *Granma*, dachte er und merkte, wie das Gehen ihn anstrengte.

Nur das nicht, dachte der Mann auf der Bank, nicht schon wieder, ich kann es bald nicht mehr ertragen. Geh vorbei, Alter, sprich mich nicht an, ich möchte nur ein einziges Mal meine Ruhe haben, ein einziges Mal nur, und dafür bin ich früh aufgestanden, ich möchte in Ruhe meine Zigarre rauchen und mein Tagebuch schreiben, mehr nicht, und das ist nicht viel.

Er hatte den alten Mann schon lange wahrgenommen, sein Zögern bemerkt und wusste, dass er seine Bank ansteuern würde. So wie sie es immer taten, wenn er im Park saß. Sie kamen wie aus dem Nichts, und einige waren aufdringlich und aggressiv und ließen sich nicht abschütteln, bis er ihnen gab, wonach sie verlangten. Aber dann kamen die Nächsten, sie hatten den grünen Schein gesehen, und er verließ schnell den Park, weil auch für ihn ein Dollar nicht wenig Geld war.

Einmal hatte eine Frau ihre Kinder auf ihn losgelassen, kleine, schwarze, dünne Kinder, und sie hatten an ihm herumgezerrt und geschrien: »*Una moneda, una moneda, hambre, hambre.*« Sie hielten sich einfach an seinen Kleidern fest, und er hätte sie schlagen müssen, um da rauszukommen, oder bezahlen, *una moneda. Hambre,* sie hatten Hunger, und er bezahlte.

Wer keine Dollars besaß und nicht auf dem Schwarzmarkt oder in den Tiendas einkaufen konnte, hatte Probleme mit der Ernährung. Er wusste davon, und besonders deutlich wurde es ihm, wenn er morgens beim Frühstück saß. Eier mit Schinken, richtigen Kaffee, Milch, Butter, Brot, Saft und Früchte. Alles vom Schwarzmarkt. Er wohnte privat und zahlte mit Dollars, und Essen und Bier, Zigarren, Rum und Medikamente waren für ihn kein Thema, über das er nachdenken musste. Es gab alles. Er kannte Polizisten, Militärs und Regierungsangestellte, die sich auf dem Schwarzmarkt versorgten, und der alte Mann mit dem Bart in Havanna ließ es geschehen. Weil er Angst hatte. Wenn es eine ernsthafte Ernährungskrise gab, könnten Aufstände ausbrechen, die zu einer Revolution führten, und am Ende würden sie mit ihm genau das machen, was er mit so vielen anderen gemacht hatte. Der Schwarzmarkt war die wichtigste Institution im Land. Der Mann auf der Bank war auf die Insel gekommen, weil er sie mehr liebte als alle anderen Länder, die er bereist hatte, und er wollte sie noch einmal sehen, bevor sie mit Mc Donalds, Burger Kings, Nike und Techno und dem restlichen Müll einer vollkommen degenerierten Zivilisation zugepflastert wurde, die ihre Agonie und ihren Betrug an den Schwachen mir dem Wort »Globalisierung« kaschierte. Es hatte schon angefangen.

Er saß auf der Bank, schrieb seine Notizen und beobachtete aus den Augenwinkeln den alten Mann, der langsam näher kam. Bald tauchen die anderen auf, dachte er, dann muss ich verschwunden sein. Er hatte am Vortag seine Dollars gezählt und festgestellt, dass er sparen musste, und wenn die anderen auftauchten, würde er wieder in die Tasche greifen. Er kannte sie alle. Den Jungen ohne Beine in seinem alten Rollstuhl, den Zwerg, den Alten, der mit Strohhut und Zigarre für Touristen posierte, den Langen, der die Fremden durch den ganzen Park bis in die Straßen verfolgte, die dünnen, alten Männer, die leise sprachen, etwas von *»necesidad«* murmelten und verschämt das Geld entgegennahmen. Und die jungen Gauner mit den gefälschten Zigarren in den echt aussehenden Schachteln mit Banderole und Stempel und allem Drum und Dran. Schwierigkeiten hatte er immer mit den ganz Ausgeschlafenen, den Einfallsreichen, weil sie so geschickt vorgingen, dass er die Lüge oft nicht von der Wahrheit trennen konnte. Sie waren gut gekleidet, fragten höflich um Erlaubnis, setzten sich neben ihn, baten um Feuer für ihre Zigarette oder einen *puro,* und fingen ein Gespräch an, bei dem das Wort Geld nicht einmal am Rand auftauchte. Sie waren geistreich, belesen, soweit ein Kubaner belesen sein kann, »die Zensur, verstehen Sie, wir kriegen eben nicht alle Bücher«, und fast immer waren sie Künstler oder Akademiker, die hart unter der Diktatur litten. Und am Schluss gab es immer, wie ganz nebenbei, eine kleine Schwester, die krank sei und dringend Medikamente brauchte, oder einen alten Großvater, den sie verhungern ließen, weil er die Partei kritisiert hatte, »die sind so, *caballero,* glauben Sie ihm, Sie kennen die kubanischen Verhältnisse nicht«, oder man selbst könne seine Bücher kaum noch lesen, bei dem Hungerlohn, hundertsechzig Peso im Monat, acht Dollar nebenbei, sei eine Brille einfach nicht drin. Bei einer solchen Gelegenheit hatte er sich ohne Vergnügen von seiner alten Zweitbrille getrennt, und der Mann hatte nicht sehr glücklich ausgesehen und sich bald verabschiedet. Und eine von den jungen Frauen, die alle wussten, dass es bei ihm nichts zu holen gab, und es doch immer wieder versuchten, war ihm nachts bis vor seine Haustür gefolgt. In der Dunkelheit hatte er sich nach ihrem Zuhälter umgesehen, oft ein Bruder. Aber sie war allein, und was er von ihren Augen sehen konnte, schien ihm ernst und gehetzt. Eine Hure, die mit einem Ausländer erwischt wurde, riskierte zehn Jahre Arbeitslager, was man Umerziehung nannte. Ein eifriger Patriot hatte ihm versichert, dass die Frauen dort nicht geschlagen werden. Er packte sie am Arm und zog sie in den Hausgang. »Bist du verrückt? Wenn die Polizei dich erwischt, gibt es Ärger.«

»Ich bin eine *negra*, und in der Dunkelheit sieht man mich nicht so leicht. Und ich bin keine Hure.«

»Was willst du?«

»Ich brauche Geld.«

»Natürlich, was sonst. Warum frage ich so blöde.«

»Bitte, hören Sie mir zu. Sie sind schon eine Weile hier im Barrio und kennen die Verhältnisse, denke ich, und Sie sprechen Spanisch, mit Ihnen kann ich reden, Sie werden mich verstehen.«

»Nein. Demnächst verfolgt ihr mich bis rauf in meine Wohnung. Ich kann keine zehn Schritte durch diese Stadt gehen, ohne dass mich einer anmacht, und wenn ich in einer Kneipe an der Theke stehe, kommen sie von allen Seiten und wollen mir an die Taschen. Ich habe die Nase voll, verstehst du?«

»Wissen Sie, was ein Tampon ist?«

»Bitte?«

»Ein Tampon. Frauen benutzen sie, wenn sie ihre Blutungen haben. Es gibt schon lange keine mehr, nichts in der Art. Jetzt habe ich eine Quelle, aber ich muss mit Dollars bezahlen.«

Er hatte sie angestarrt, und ihr schwarzes Gesicht war ausdruckslos und hölzern nach dieser Rede. Er gab ihr fünf Dollars, und sie lief schnell in der Dunkelheit davon.

Und jetzt kam der alte Mann, und er dachte, geh vorbei, alter Mann, setz dich nicht zu mir auf die Bank. Ich gebe dir nichts, nicht einen Centavo, lass mir meine Ruhe, lasst mir einmal um Himmels willen meine Ruhe. Warum habt ihr ihn nicht zum Teufel gejagt, wie er es mit Batista gemacht hat? Ihr habt euch vierzig Jahre Diktatur gefallen lassen, und jetzt greint ihr über die schlechten Zeiten, aber damals, als die Russen noch die Zeche bezahlten und der Bauch voll war und der Rum billig, da war alles in Ordnung, nur zu fressen muss man haben, dann vergisst man den Rest, und jene, die sich nicht damit abfanden, verrotten in den Gefängnissen oder sind unter der Erde, und ihr habt dazu geschwiegen und lasst euch immer noch wie Vieh zu den Massenaufmärschen karren. Und Hemingway hat zu Batista geschwiegen, auch ein Held. Er merkte, wie er wütend wurde, man sollte ihnen die Wahrheit mal ins Gesicht sagen, aber gleichzeitig wusste er, dass es ungerecht war.

Man konnte eine Diktatur wie die kubanische nicht wirklich bekämpfen, die Maschen der Überwachungs- und Gesinnungsschnüffelnetze waren zu eng geknüpft, schließlich hatte ein Mann wie Che Guevara den ganzen Sicherheitsapparat nach sowjetischem Vorbild mit aufgebaut, und jede kritische Äußerung konnte furchtbare Folgen haben. Und er dachte an seine Freunde und alle anderen, die ihn nicht um Geld gebeten hatten, und an die Nächte mit der großartigsten Musik der

Welt, wo sie immer versuchten, ihm die Rumba oder den Son beizubringen, was nie gelang und mit Gelächter endete. Wie sie auf ihn achtgegeben hatten, als er krank war, mit Medikamenten vom Schwarzmarkt und nie nachlassender Fürsorge, auch nachts, wenn das Fieber kam. Er wusste, dass sie ihm viel mehr gaben, als er ihnen vergelten konnte. Und er schätzte die Höflichkeit der Kubaner und die Art, wie sie miteinander umgingen. Dass ein großer, dicker Bulle einem kleinen, schwarzen Jungen, der sich gerade eine Frechheit gegen ihn erlaubt hatte, mit einem Lächeln sanft über den Kopf strich, hatte er nur auf Kuba gesehen, und das Wort *cariño* war keine Worthülse in ihrem Sprachgebrauch. Er wusste sehr gut, warum er dieses Land liebte und immer wieder zurückkam. Und warum er es hasste.

»Mit Ihrer Erlaubnis.« Der alte Mann benutzte die stehende Formel, und seine Stimme klang dünn und brüchig. Der Ausländer hob den Kopf und sah ihn an. Lichtreflexe waren auf der Brille, sodass er die Augen nicht genau sehen konnte.

»Es ist nicht mein Park und nicht meine Bank. Setzen Sie sich.« Der Ausländer beugte sich wieder über seine Notizen, und der alte Mann sagte: »Danke.«

Er setzte sich umständlich und dachte, er mag keine Neger, und wusste dabei, dass alles verloren war. Aber er spricht Spanisch. Ein paar Schulkinder in ihren Uniformen mit den roten Halstüchern rannten lachend vorbei. An dem Taxistand vor der Kathedrale standen zwei Touristentaxis. Die Chauffeure lehnten sich gegen einen der Wagen und teilten sich eine Zigarette. Zwei Polizisten mit schwarzen Sonnenbrillen kamen langsam von der Calle Aguilera herüber. Die Pförtnerin vom Velázquezmuseum auf der anderen Seite schloss das Tor für die Touristen auf, und ein früher *manicero* schrie ohne viel Hoffnung sein *»maní, maní«* durch den Park. Der alte Mann sah das alles, er sah es jeden Tag, es war seine Welt, aber er nahm es nicht wirklich wahr. Er saß sehr gerade und aufrecht auf der Bank mit geschlossenen Knien, und seine knotigen Hände lagen wie vergessen auf dem Beutel mit der *Granma*. Der Ausländer neben ihm war über sein Heft gebeugt, schrieb und rauchte seinen *puro*.

Er spricht Spanisch, dachte der alte Mann, es müsste interessant sein, sich mit ihm zu unterhalten, bestimmt ist er viel herumgekommen. Vielleicht kommt er aus einem Land, in dem es kalt ist und wo Schnee liegt, ich würde gern einmal Schnee sehen, ich kenne Schnee von Fotos, die ich in einem Buch gesehen habe. In einigen Ländern ist jetzt Winter, denke ich, und vielleicht ist alles ganz weiß, die Straßen und Häuser, das ganze Land. Das muss sehr schön sein. Ich glaube, ich würde gerne durch den Schnee gehen, obwohl ich natürlich nicht weiß, wie er sich anfühlt. Aber was ist mit den Feldern und Weiden? Was machen die Tiere, wenn überall Schnee liegt? Haben die genug zu fressen? Er war auf dem Land aufgewachsen und kannte sich mit Tieren aus. Einige waren sehr empfindlich, und man musste gut auf sie achtgeben. Die anderen, die in der Wildnis lebten, kamen allein zurecht, wenn man sie nur in Ruhe ließ. Aber wenn alles zugeschneit ist, die Felder, das Gras und die Bäume? Darüber dachte er nach, und es machte ihm Sorgen. Er sah eine große, weiße Fläche mit Bergen dahinter, wie auf den Fotos, aber da waren keine Tiere. Sie sind tot, dachte er, sie haben kein Futter und sind in der Kälte gestorben. Seine Hände krampften sich zusammen, und er sagte: »Hoffentlich nicht«, und als es gesagt war, fiel ihm auf, dass er ziemlich laut gesprochen hatte, und er schämte sich vor dem Ausländer.

»Entschuldigung«, sagte er mit normaler Lautstärke.

»Wofür?«

»Ich habe nur an die Tiere gedacht und ob sie genug zu fressen haben.« Er sprach, ohne den Mann anzusehen, und dachte gleich darauf, dass der die Sache klären könnte, dann müsste er sich vielleicht keine Sorgen mehr machen. Er wandte sich ihm zu und sagte: »Wenn Schnee liegt.«

In dem weißen Gesicht regte sich nichts, wie ihm schien. Er sah, dass Kinn und Wangen nicht rasiert waren, die Haare waren nicht richtig gekämmt, eine blonde Strähne fiel über die hohe Stirn, und der Mann sah ihn einfach nur an durch seine Brille.

Er hat mich nicht verstanden, vielleicht kennt er die Wörter nicht, *animales, nieve,* vielleicht sollte ich meine Frage wiederholen, und gerade, als er das dachte, nahm der Mann mit einer langsamen Bewegung seine Brille ab und lächelte.

»Machen Sie sich keine Sorgen.«

Die Stimme gefiel ihm, jetzt gefiel sie ihm, dunkel und ein wenig rau und fast ohne Akzent. »Wir helfen den Tieren, wenn der Winter sehr kalt ist, wir geben ihnen Futter, und einige haben überhaupt keine Probleme, weil sie den Winter in ihren Höhlen einfach verschlafen.«

»Schlafen? Das ist seltsam, das habe ich nicht gewusst. Auch die Vögel?«

»Die haben auch ihre Methoden. Einige fliegen in den Süden, wo es warm ist, nach Afrika, die anderen, die zurückbleiben, sind ziemlich robust und kommen ganz gut klar, schlaue Vögel, die kommen zu den Menschen in die Gärten und auf die Balkone und schlagen Krach, und wir geben ihnen Körner und was sie so brauchen.«

»Das ist gut. Ich glaube, die Natur hat alles gut eingerichtet. Ich bin auf dem Land aufgewachsen, in Guantanamo, und kenne mich mit Tieren aus.« Und er begann, von Guantanamo zu erzählen und der Hazienda, auf der er gearbeitet hatte, damals, lange vor der Revolution, »kein schlechtes Leben, *señor,* es gab immer genug zu essen, und er merkte, wie es ihm Freude machte. Die Bilder kamen klar und einfach, und dieser

Ausländer war ein guter Zuhörer, der sich für seine Geschichte interessierte, das merkt man an seinen Fragen, dachte der alte Mann, und er nennt mich nicht *abuelo,* wie die anderen, er ist sehr höflich.

Ich habe mich in ihm getäuscht, dachte der Ausländer, er will kein Geld von mir, er ist ein etwas merkwürdiger alter Mann und wollte einfach mal mit einem Fremden reden, weil alle anderen hier im Park seine Geschichte schon kennen, vermute ich. Jetzt kann er sie einmal erzählen, und es macht ihm Freude. Und es ist keine dumme Geschichte, *campesino*-Leben mit der Erde und den Tieren, und vielleicht ist sie alles, was er hat. So sieht er aus. Aber seine Erinnerungen konnten sie nicht enteignen.

»Was ich erzähle, ist aus der Vergangenheit«, sagte der alte Mann. »Aber Sie müssen auch wissen, was in der Gegenwart passiert. Die Lügen. Ich schenke Ihnen etwas.« Er zog die *Granma* aus dem Leinenbeutel auf seinen Knien, und jetzt fiel ihm wieder ein, warum er hier saß, und etwas in ihm wurde ganz steif und wie tot. Weil er nicht wusste, wie er es sagen sollte. Jetzt konnte er es überhaupt nicht mehr sagen, weil der Ausländer schlecht von ihm denken würde, er würde denken, dass er die Guantanamogeschichte nur erzählt hatte, um seine freundliche Aufmerksamkeit zu haben, damit er ihm hinterher sein Anliegen vortragen könnte. Das ging nicht. Keine Seife für seine Tochter. So nicht. Er fühlte sich sehr müde.

Der Ausländer nahm die *Granma* entgegen und sagte: »Danke, vielen Dank.« Dabei dachte er, das ist wirklich ein Geschenk, Alter, diese Parteizeitungen sind verdammt wichtig für Kuba, weil es kein Lokuspapier gibt. Du hast dich von diesem ganz wichtigen Bestandteil deines täglichen Bedarfs getrennt, und dafür danke ich dir.

Er setzte die Brille wieder auf und sagte: »Ich würde Ihnen auch gerne etwas schenken, aber außer diesem billigen Kugelschreiber habe ich nichts bei mir, und der ist kein anständiges Geschenk für einen Mann. Aber ich möchte mich für die *Granma* revanchieren. Das Einzige, was ich Ihnen anbieten kann, ist ein kleines Geldgeschenk. Wenn es Sie nicht verletzt.«

»Es verletzt mich nicht«, sagte der alte Mann leise und merkte, wie seine Hände zitterten. Er blickte sich verstohlen um und hoffte, dass niemand ihn dabei beobachtete, wie er von diesem Ausländer Geld entgegennahm. Der Mann bemerkte seinen Blick und verstand. Wie nebenbei hob er die Zeitung vor seine linke Seite. Er nahm Geld aus der aufgesetzten Hemdtasche und legte seine geschlossene Hand schnell in die Hand des alten Mannes. Die Finger mit den verdickten Gelenken schlossen sich um das Geld, und der alte Mann sagte: »Vielen Dank.«

»*De nada.* Ich danke Ihnen für Ihre Geschichte und die *Granma.* Leider muss ich mich verabschieden, ich fahre nach Baracoa.«

»Das ist der schönste Teil von Guantanamo. Viel Glück und gute Reise.«

»Danke. Auf Wiedersehen.«

»*Que le vaya bién.*«

Der alte Mann blickte dem Ausländer nach, wie er durch den Park ging, und als er außer Sicht war, öffnete er die Hand, die das Geld hielt. Drei Zwanziger. Sechzig Pesos. Pesos, dachte er, Pesos Cubanos. Er saß mit gesenktem Kopf auf der Bank und starrte durch seine dicken Brillengläser auf das Geld in seiner Hand. Er saß eine ganze Weile so, ganz still, und irgendwann hob er den Kopf. Sein Blick wanderte hinüber nach der Kathedrale, die hoch und mächtig und stumm über den Parque Céspedes ragte, und er blickte langsam hinauf, bis an die Spitzen der beiden Türme, auf die dunstiges Morgenlicht fiel.

Der Ausländer ging die Calle Aguilera hoch und bog in die Corona ein, wo der Fahrer wartete, der ihn nach Baracoa bringen sollte. Es gab keinen Bus, und sie hatten lange und hart um den Preis gefeilscht, und er dachte, ich muss jetzt wirklich kürzertreten, schon wieder drei Dollar weg, aber für ihn hab ichs gern getan, und es war vernünftig, dass ich ihm Pesos gegeben habe, mit Dollars kennt er sich bestimmt nicht aus. Die Türsteher in den Tiendas würden ihn auch gar nicht reinlassen, so wie er aussieht mit seinem Zeug und der offenen Hose. Jetzt kann er sich auf dem Schwarzmarkt etwas zu essen kaufen.

Der alte Mann verließ den Park, als die Bettler und die Anderen kamen, und war sehr froh darüber, dass er seine Würde nicht verloren hatte.

Eine erfrischend gute Sache

José Miguel Sánchez

Herzlich willkommen. Ja, ich bin immer hier, am Flughafen- oder Hoteleingang, und warte auf dich. Ich sehe an deinem Lächeln, dass auch du mich auf den ersten Blick erkannt hast. Ich bin das, wovon du all die Jahre geträumt hast, genau das, wonach du suchst. Ich habe dunkelbraune Augen und von Sonne und Salpeter verbrannte Haut, widerspenstiges Haar und Muskeln von der Arbeit, nicht aus dem Fitnessstudio. Oder vielmehr, was von diesen Muskeln übrig ist, denn wie du ja weißt, sind die Zeiten schlecht. Ich sehe aus wie ein selbst geschulter Intellektueller und ein Partyman, alles in einem. Unverfälscht, hinreißend zerlumpt. Siehst du es? Mein Äußeres verheißt Gefahr, das prickelnde Risiko von Raub oder Geschlechtskrankheit, aber auch die Süße des Zuckerrohrs, ehrliche Freundschaft, Rousseaus guter Wilder. Willkommen. Ja, ich werde dein Führer sein.

Wohin möchtest du zuerst gehen? Natürlich, ins Hotel … fünf Sterne, ausländisches Kapital, of course, alles typical tropical, so authentisch wie ein auf Klopapier gedruckter Dollarschein. Um das Schwimmbad zu nutzen und mein Eingeborenendasein mit den Wundern der Klimaanlage und des Zimmerservice in Staunen zu versetzen. Um dich über die hohen Preise zu beklagen und über das falsche Bild, das die

Rundfahrten und Besichtigungstouren durch den historischen Teil der Stadt vermitteln, bei denen die Führer von sehr, sehr bösen Kolonisatoren und sehr, sehr guten Indios und Schwarzen erzählen. Aber mach dir nichts daraus: Auch das ist Teil des Spiels, sein notwendiger Auftakt.

Und jetzt kommen wir zu Amistur. Denn ich habe einen Freund mit einem freien Zimmer, das er dir allein für dein charmantes Lächeln und für eine in deiner harten, im Schweiße deines Angesichts mühsam verdienten Währung fast lächerliche Summe gerne vermietet. Aus proletarischer Solidarität, denn trotz deiner Kleidung sieht man, dass du weder Millionärin noch eine ausbeuterische Kapitalistin bist und dass nicht du an deinem Auto und deinem Haus schuld bist, sondern das Nord-Süd-Gefälle, so ist es nun einmal, und wie dem auch sei, du hast sie in deinem fernen Zuhause gelassen, und hier tun sie nichts zur Sache (schade eigentlich). Wir wissen, dass du '68 an der Uni Pflastersteine geworfen hast, die Liedertexte von Silvio und Pablito kennst du auswendig, und in deinem Zimmer hängt ein Poster von Fidel. Und einig und ohne zu zagen, gibt das Volk sich nie geschlagen, das indianische, schmerzerfüllte Lächeln von Rigoberta Menchú, Friedensnobelpreisträgerin, ein Fähnchen der salvadorianischen Befreiungsbewegung *Frente Farabundo Martí* und ein Foto von Camilo Torres, dem Guerilla-Priester. Und deswegen bist du aktiver Bestandteil der Tombolas zugunsten guatemaltekischer Waisenkinder und diskutierst bis elf Uhr nachts in der Eckkneipe über die wirkliche Identität des Subkommandanten Marcos und die Zukunft der Reformen auf unserer Insel.

Keine Sorge, wir alle wissen das. Du bist eine von uns und genießt die Farben, die Unzuverlässigkeit und den herzhaften Latinokontakt in der wildesten Variante der öffentlichen Verkehrsmittel, dem Metrobus, auch Kamel genannt. Behalte (erst einmal) deine harte Währung, mach mit bei dem Spiel,

Schlange zu stehen und nicht Kunde, sondern Verbraucher zu sein. Pass dich in den wenigen Wochen ganz und gar an, niemand wird sich mehr nach dir umdrehen, das sind die Spielregeln. Du wirst eine von uns sein, trotz deiner milchigen Haut, deiner Größe, deinem mit den besten Shampoos gespülten Haar, deinem pickel- und fettfreien Teint und deiner ganzen makellosen Erscheinung, für die du, wir wissen es, nichts kannst. Man sucht sich den Ort nicht aus, an dem man geboren wird.

Es war nie dein Ding, in sicherer Entfernung zu bleiben, das Leben aus einem klimatisierten Bus zu betrachten, die Wirklichkeit aus der Presse zu erfahren. Also komm. Lass uns in die Randbezirke gehen, Marihuana, Messer und Folklore, Machismo und Schnaps, alles so malerisch, so authentisch. Keine Hemmungen, mach deine Fotos. Es kostet nichts. Lass uns ohne Auto und ohne Kühltruhe an den Strand fahren, auch wenn dein Sonnenöl dich verrät, du deine Lust auf toploses Bräunen unter der tropischen Sonne unterdrücken musst und du dich auch hier nicht vor den Kindern retten kannst, die um »eine kleine Münze, *señora*« betteln. Komm mit zum Konzert der Nueva Trova, dann zu dem der alternativen Rockband, die in einem exotischen Spanglish singt. Komm mit in den Underground, die andere Seite der Medaille, mit seinen frustrierten Theaterleuten, seinen Avantgarde-Dichtern und seinen Himmelsgeschöpfen, umherschlendernden Grazien aus gutem Hause, mit Vorliebe in Jeans mit deutlich sichtbaren, internationalen Markennamen, kritische Posen für die Regierung, aber immer ein freundliches Lächeln. Komm mit, ich kenne mich aus. Ist dir nach Bob Marley und dem Rastaplaneten? Nach Carlos Varela und der Trovawelt? Nach Pello el Afrokán und der Rumbagalaxie? Ich bin der richtige Wegweiser, folge mir. Willkommen in der Smaragdstadt von Oz, kleine Dorothy.

Es interessiert dich natürlich nicht, das Andere zu sehen. Das, was du kennst und das nicht in diese paradiesische Palmen- und Salpeterumgebung hineinpasst. Weder die Selbstbedienungsläden noch die Diskotheken oder McDonald's-Imitationen, natürlich alles in Dollar, wecken deine Aufmerksamkeit. Genauso wenig wie die gestylte Jugend, die um sie herumlungert. Du hast Bataille, Foucault, Lyotard und Alvin Toffler gelesen und weißt, dass die Popkultur wie eine Seifenblase zerplatzen wird, der Fortschritt, das Künstliche, Falsche, das Entmenschlichte, seelenlose Antifolkloristische ... Ja doch, ich hätte gerne ein Eis, nein, ich habe auch keine Lust, Schlange zu stehen, wollen wir hineingehen? Deshalb habe ich dir geraten, deine harte Währung zu behalten. Ist dieses Burguis-Eis nicht unglaublich gut?

Hier kannst du dein Scherflein beitragen, die gute Tat vollbringen, auf die du es abgesehen hast. Selbstverständlich kannst du die Welt nicht verändern, und niemand verlangt es von dir. Du bist weder reich noch auf den Kampf vorbereitet, sonst ... wenn du einen Raketenwerfer hättest, müssten schon einige Hurensöhne daran glauben, stimmts? Du kennst doch das Lied von Bruce Cockburn? Du hast es nicht, aber deine dürftigen Ersparnisse ... gute Idee, dieses Fest, ich werde alle einladen, kümmere du dich um Essen und Getränke und was du sonst noch möchtest ... vielleicht das Gras, das uns dem Rastagott näherbringt? Auch das. Das Gesetz ist nicht so wichtig, nicht wahr? Das Gesetz ist schuld, das Gesetz wurde von den Kolonisatoren gemacht, dafür erfinden wir seine Hintertür.

Hast du eine schöne Zeit? Toll, wie gut du dich fühlst, es ist so befriedigend, die Mittellosen zu beschenken. Danke für die Hose, die Turnschuhe, du weißt gar nicht, wie gut ich sie gebrauchen kann. Möchtest du meine Gedichte lesen? Ich habe sie nicht veröffentlicht, so etwas verkauft sich nicht, das Verlagswesen ist eine Mafia, aber sie sprechen dich an, nicht wahr, sie bewegen dich, sie veranschaulichen dir die harte Realität? Und das alles mit dem notwendigen optimistischen Unterton eines Volkes, das trotz allem weiterkämpft und sich nicht geschlagen gibt. Ich schenke dir welche … egal, wenn es dir gelingt, sie zu veröffentlichen, schickst du mir das Buch … selbstverständlich kannst du mir auch andere Bücher schicken. Wie sollte ich auch wissen, wie teuer die Kultur in diesen bösen Ländern ist, aus denen all die guten Dinge kommen.

Natürlich sind sechs Wochen sehr kurz, dein Freund hat sicher nicht einmal Zeit gehabt, dich zu vermissen, bei seiner vielen Arbeit in der Plattenfirma und dann noch die Zinsen … Was, er ist ein ekelhafter Yuppie ohne soziales Gewissen? Sag so was nicht, er war doch bei den Barrikaden dabei, aber klar, er hat sich nur nie getraut, zu kommen und seine Träume mit der Realität zu konfrontieren. Alles ist also anders, als du es dir vorgestellt hast. Aber es hat sich doch gelohnt, oder? Und du wusstest doch, dass das Gelobte Land nicht … nein, nicht weinen … oder wenn du nicht anders kannst, hier hast du meine Schulter … du bist nicht schuld, hör auf, trockne deine wunderschönen blauen Augen und folge mir, lass mich nur machen. Sechs Wochen sind kurz, aber es kann viel in ihnen passieren …

Freue dich an dem Schachbrett aus meinem dunklen Leder und deiner Niveahaut, während ich dich ein-, zwei-, hundertmal unter Seufzern schachmatt setze. Du warst eine von denen, die das mit der afrokaribischen Virilität nur für einen Mythos unter vielen hielten? Und die Zärtlichkeit, die klebrig aus dem anhaltenden Kontakt der schwitzenden Körper in dem Zimmer ohne Klimaanlage quillt, deine anfangs still unterdrückten Orgasmen, bis du dich dem hier angepasst hast, der Latinoschule mit ihrem Schreien und Kratzen, den wüsten Ausdrücken, deren verletzende Absicht sich verliert inmitten der alle nationalen Unterschiede überwindenden Leidenschaft. Im Bett sind wir alle gleich, oder? Und du kannst mich somit zum uneingeschränkten Diktator der Republik deines horizontalen Körpers ernennen (und vertikalen und sogar diagonalen, ein bisschen Fantasie muss sein). Und mich bitten, bei dir niemals die Demokratie oder die konstitutionelle Monarchie oder sonst irgendetwas Zivilisiertes einzuführen, sondern immer nur diese pure Wildheit beizubehalten, die dir so gut gefällt. Die Schöne und das Biest, die Touristin und der Eingeborene. Das Mädchen aus der Industrienation und der Unterentwickelte.

Du und ich wissen, dass das hier keine Zukunft hat, aber im Zen wird gelehrt, dass das Morgen nicht existiert. Komm in mein Leben, lerne meine Familie kennen. Mein Bruder starb im Krieg, mein Cousin sitzt im Gefängnis … politische Gründe, das verstehst du nicht … er eigentlich auch nicht, deswegen ist er ja im Gefängnis. Ob überhaupt jemand das versteht …? Schau, das ist ein Foto von meiner Schwester, sie ist mit einem Italiener verheiratet, und manchmal schreibt sie aus Mailand, es geht ihr gut, aber der würde es auch in der Wüste gut gehen, solange sie Kleider, Essen, ein Auto und ein Videogerät hat. Aber du und ich wissen, dass das nicht alles ist. Deshalb bist du hier, stimmts? Weil es dir auch um mehr geht.

Meine Mutter mag dich, hast du das gemerkt? Und keine Angst, dein Spanisch ist nicht so schlecht, meine Freunde sind immer so albern. So sind wir eben, immer lustig, nichts können wir ernst nehmen. Das ist der kreolische Spott. Aber wir können auch traurig sein, mit der jahrhundertealten Melancholie der ausgerotteten Indios und der aus ihrem Land gerissenen Schwarzen. Wir sind, wie wir sind. Versuche nicht, uns zu erklären. Das ist das Land der Siguaraya. Was das ist? Ja, das wäre ein interessantes Thema … schade, dass fast keine Zeit mehr bleibt.

Sechs Wochen sind kurz. Dieser Augenblick musste kommen. Bei mir bleiben? Ich bitte dich … Du weißt doch, dass das nicht geht, das hier ist nicht deine Welt, es wäre anders, als zu Besuch zu kommen. Ich? Natürlich würde ich gerne, aber es ist so teuer … Natürlich, wenn du darauf bestehst … Weine nicht, mach keine leeren Versprechungen. Sechs Wochen sind nur eineinhalb Monate. Du wirst das mit deinem Freund schon einrenken. Er liebt dich, und alles in allem ist er auch gar kein richtiger Yuppie.

Wärst du so nett, diese Briefe mitzunehmen? Die internationale Post hier ist manchmal … Natürlich kannst du mir schreiben. Du kennst meine Größe, ich glaube nicht, dass ich zunehmen werde. Ich liebe dich auch, ich weiß, du wirst versuchen, so bald wie möglich zurückzukommen, bring deine Freundinnen mit, meine Freunde können es kaum erwarten, sie kennenzulernen. Schnell, du verpasst dein Flugzeug, vergiss nicht die Tasche mit den Andenken, Vorsicht, sonst fällt das Poster mit Camilo und dem Che herunter. Der letzte Kuss. Gute Reise, meine Schöne …

Sechs Wochen sind nur eineinhalb Monate. Ich bin nur ein Führer. In gewisser Hinsicht ein Priester, der die Beichte deiner Sünde abgenommen hat, aus der industrialisierten Welt zu kommen, keinen Hunger zu leiden, kultiviert zu sein, reisen zu können, keine Latina zu sein, deine Träume und deinen Idealismus für die materielle Sorglosigkeit zu opfern. Und ich spreche dich frei angesichts der Buße, mit der du deine Schuld sühnst, indem du uns mit deiner harten Währung segnest, mit deiner naiven Sympathie und mit deinen Koffern, die voll kamen und fast leer gehen, mit deiner Wohltätigkeit und deiner Genugtuung, etwas für die soziale Gerechtigkeit zu tun. Ich spreche dich frei und lasse dir genügend Schuldgefühl, um bald zurückzukommen in dieses Kuba jenseits der Postkarten, zu diesem Maskenspiel, das wir sind und zu dem auch du gehörst, zu dieser folkloristischen und postmodernen Identität. Damit du dich als Freiheitskämpferin beweisen kannst, als aktive Frau, als Vollweib mit sozialem Bewusstsein, und damit du nachts, nach der Arbeit Mühen, mit einem Lächeln auf den Lippen einschlafen kannst, denn du trägst dazu bei, die Welt zu verbessern. Ich spreche dich frei und erneuere in deinem Herzen den Glauben an die Sache, eine Sache für sechs Wochen im Jahr, eine Sache voller Latinoliebe und dem Reiz des Verbotenen, voller Idealismus und Erotik. Eine Sache, die auf dich, Frau im Strudel des modernen Lebens, wie zugeschnitten ist. Sicher und bequem, problemlos mitzunehmen. Eine erfrischend gute Sache.

Und jetzt fehlt nur noch das Amen.

Yassel und Yunior

Marie Pohl

Das Mar y Tierra ist eine der wenigen Cafeterias, die rund um die Uhr geöffnet haben und in der man statt mit Dollar mit Pesos Cubanos bezahlt. Sie verkaufen *refrescos* – Limonade – in abgeschnittenen Corona-Bierflaschen und einzelne Zigaretten, für vierunddreißig Centavos das Stück. Morgens reicht die Schlange für Zigaretten bis über die Straße. Früher, lange vor der Revolution, gehörte das Mar y Tierra meiner Nachbarin Teresa aus dem zweiten Stock. Heute gehört es dem Staat. Deshalb hasst Teresa Fidel und schimpft den ganzen Tag.

Yassel lehnt an einer Säule und raucht. Als er mich sieht, schnippt er den Zigarettenstummel auf die Straße und klatscht in die Hände: »*Pinga*, schön, dich zu sehen.« Er geht rein, hüpft über die Theke und gießt mir aus einem Aluminiumkessel eine Tasse Kaffee ein. Vor einem Jahr, sagt er, hätte er mir noch ein Gläschen Rum ausgeben können, aber jetzt gibt es nur noch Kaffee und *refrescos*. Der Staat hat ihnen die Alkohollizenz gestrichen. Yassel flucht und erzählt mir, wie schön es war, Barmann zu sein. Er hat den Leuten immer ein bisschen mehr eingegossen, »das Glas richtig vollgemacht, verstehst du?«. Er lacht. Er lacht immer. »Als es noch Alkohol gab, war immer was los. Da kamen die schönen Frauen aus den Discos, für einen letzten Drink. Heute kommt kaum einer. Eigentlich arbeite ich nur morgens, wenn die Leute aus dem Krankenhaus hier frühstücken und sich ihre Kippen holen. Nicht wahr, Mursoli?« Er winkt einem Alten zu, der im hintersten Winkel des Cafés sitzt. Es ist der Einbeinige, der immer *fruta bombas* isst. Yassel stellt uns vor. Der Alte ist der Sprichwortkönig von Havanna. »Neulich hat er mir gesagt«, erzählt Yassel, »dass in Kuba alles durch den Bauch geht: Eine Frau fressen heißt, mit ihr ins Bett gehen. Ein Kabel fressen heißt, Hunger haben: Jemandem aus der Hand fressen heißt, sich unterkriegen lassen. Und wenn du eine besondere Tat vollbringst, dann hast du es gefressen.«

Yassel stellt die Tasse und den Kessel weg, ruft einem Kollegen zu: »Komm gleich wieder«, hüpft wieder über den Tresen und läuft mit mir zur Plaza de Maceo. Wir setzen uns auf die Stufen des kleinen Amphitheaters, die wie ein Fächer vor dem Krankenhaus ausgebreitet sind. »*Pinga, qué bién,* ich brauchte mal 'ne kleine Pause.«

Wenn es nach Yassel ginge, würde er ein ganz anderes Leben führen, ohne feste Arbeitszeiten, ohne Chef, ohne Verpflichtungen. Ein kleines Geschäft hier und da, mal eine Schachtel Zigarren, mal eine Kiste Rum, Geld ist ihm nicht wichtig. Aber seine Mutter lässt ihm keinen Frieden. »Sie ist der einzige Grund, warum ich eine staatlich anerkannte Arbeit habe«, sagt er und legt sich auf den Rücken. »Sie denkt, ich bin ein Versager. Ich kann machen, was ich will, das wird sie immer denken. Jedes Mal, wenn mir etwas runterfällt, steht sie zufällig daneben, jedes Mal, wenn ich kleckere, guckt sie zufällig zu mir rüber, jedes Mal, wenn mir irgendwas passiert, erfährt sie gleich davon.«

Im Mar y Tierra wurde eine Fensterscheibe eingeschlagen, und er wurde vom Chef dafür verantwortlich gemacht. Als er dann am Morgen, nach einer Stunde Fahrt mit dem Bus, auf den er zwei Stunden warten musste, erschöpft die Wohnungstür aufschloss, saß dort seine Mutter am Esstisch, die ihn, »*taka, taka, peng, peng*«, mit geladenen Kanonen erwartete, einen Taugenichts und Faulenzer nannte, die Hände durch die Luft wirbelte und nicht wusste, was nur aus ihm werden soll.

Yassel hat sein Geschichtsstudium abgebrochen. Ein Diplom nutzt ihm heutzutage sowieso nicht viel, heute, wo der Kloputzer im Hotel Nacional reicher ist als ein Anwalt, man nur mit Dollars überleben kann und nur mit Touristen wirklich Geld verdient. Yassel ist nicht der erste Zwanzigjährige, den ich hier kennenlerne, der nicht mehr studieren will. Der Taxifahrer neulich war auch zwanzig und hatte sein Medizinstudium abgebrochen, weil er die einmalige Chance bekam, ein Dollartaxi zu fahren. Aber Yassel geht es im Unterschied zu den anderen nicht um die Dollars. Er brach das Studium ab, weil er keine Schulen mag, »keine Lehrer, keine Vorurteile. *Me gusta practicar la alegría* (ich bin gerne fröhlich)«.

Kurz nachdem er das Studium abgebrochen hatte, fand seine Mutter einen Job für ihn bei der staatlichen Organisation für Security Guards. Er musste nachts das Gelände der Feriensiedlung am Strand von Santa María bewachen, in der sich Ausländer Villen mit Swimmingpool mieten können. Sein monatliches Gehalt betrug zweihundert Pesos, aber im Reich der Touristen verdiente er natürlich Dollar. Er verkaufte ihnen Langusten (was in Kuba streng verboten ist), beschaffte ihnen Gras, Zigarren oder besorgte den *jineteras* leer stehende Zimmer. Die erste Verwarnung bekam er, als er, in einer Villa schlafend, vor laufendem Fernseher gefunden wurde. Das nächste Mal erwischte man ihn in einem Whirlpool mit fünf Mädchen und zehn Flaschen Havana Club. »Ich bin froh, mit diesen Leuten nichts mehr zu tun zu haben«, sagt er, »nur meine Mutter wird mir das nie verzeihen«, und nachdenklich fügt er hinzu: »Du musst mal meinen Freund Yunior kennenlernen, der ist nicht wie ich, der macht was aus seinem Leben.«

Einen Monat lang ließ ihn seine Mutter in Ruhe, er sollte sich selber einen Job suchen. Aber Yassel schmiedete Pläne für eine Reise durch Kuba, nach Cienfuegos, nach Santiago de Cuba, doch bevor er sich auf den Weg machen konnte, hatte seine Mutter ihm den Job im Mar y Tierra besorgt.

»Wolltest du nie weg aus Kuba?«, frage ich ihn.

»Nein«, sagt er verwundert, »warum? Wenn ich Kuba noch nicht mal richtig kenne? Mein Freund Yunior will raus, weil er was werden will. Aber ich bin faul. Mir sind nur drei Dinge wichtig im Leben: Spaß, ein guter Freund und eine große Liebe. Spaß und den guten Freund habe ich gefunden. Auf die Liebe warte ich noch.«

»Wenn du dich jetzt irgendwohin beamen könntest, für einen Tag, wohin wäre das?«

»Italien«, antwortet er entschieden.

»Warum Italien?«

»Weil sie dort so schöne Schuhe haben.«

Die Sammeltaxis stehen in der Altstadt vor dem Capitolio, das eine größere Kopie des Kapitols in Washington ist. Oldtimer und Chevrolets leuchten in satten Farben unter der prallen Sonne. Die Männer rufen ihre Fahrziele aus wie Markthändler das frische Obst: »Alamar, Miramar, Playa.« Auf den roten Ledersitzen eines grünen Chevi ist noch ein Platz frei. Vorsicht, ich darf die Tür nicht knallen, sonst fällt sie aus den Angeln. Die Fensterkurbel ist abgebrochen, der Fahrer reicht mir eine Zange. »Die Scheibe auf halber Höhe leicht nach oben ziehen, dann drehen und gleichzeitig runterdrücken.« Vier dicke Frauen sitzen neben mir. Sie packen ihren Reiseproviant aus, eine Thermoskanne mit Kaffee, aufgeschnittene *fruta bomba,* gebratene Bananen (mein Lieblingsessen), die vierte raucht eine Zigarre.

Als wir nach etwa fünfzehn Minuten an einem Bananenfeld vorbeifahren, fällt plötzlich das linke Vorderrad ab, nach weiteren zehn Minuten streikt der Motor, das Benzin läuft aus, ein anderes Sammeltaxi schleppt uns mit einem Seil zu einer Tankstelle. Nach drei Stunden erreichen wir irgendwie Alamar, ohne Auspuffrohr.

Ich finde Yassel in dem großen Baum, vor dem wir uns verabredet haben. Er sitzt auf einem Ast und liest ein Buch über die Geschichte Chinas. Wir laufen durch eine verwilderte Wiese zu den Plattenbauten. Die Siedlung hat etwas Fröhliches. Die bunten Farben, mit denen die Häuser angestrichen sind, die vielen Königspalmen, die zwischen ihnen wachsen, und die Kinder, die in ihrem Schatten mit Murmeln spielen. Gar nicht zu vergleichen mit den trostlosen Platten in Berlin.

Yassel und sein bester Freund Yunior wohnen im selben Haus. Bei meiner ersten Begegnung mit Yunior auf der Plaza de Maceo gab es gleich einen Streit. Ich wollte ihn und Yassel zu einem Drink im Jazzclub la Zorra y el Cuervo einladen. Yunior war dagegen und schimpfte plötzlich auf Kuba und Castro: Er kann sich doch nicht von einem Mädchen, schon gar nicht von einem, das zu Gast in seinem Land ist, ausführen lassen! Sein Vater ist einer der besten Ingenieure, arbeitet Tag und Nacht, und das Taschengeld, das er seinem Sohn gibt, reicht gerade mal für eine Schachtel Kippen pro Woche. »Was ist das für ein Leben, wenn man eine schöne Frau nicht mal ausführen, wenn man seiner Freundin am Valentinstag nicht mal ein Parfüm schenken, wenn man arbeitet und arbeitet und sich am Abend nicht mal einen Drink leisten kann, wozu arbeitet man dann? *Te roban la pinga*, es wird einem der Schwanz abgeschnitten.«

Daraufhin lachte Yassel, und Yunior wurde noch wütender:

»Ich will nicht so leben wie mein Vater, studieren, viel können, aber nichts verdienen. Und«, er sah zu Yassel, »ich will mein Geld auch nicht mit krummen Geschäften machen, Touristen ausnehmen oder, noch schlimmer, Parteifunktionär werden und Castro die Füße lecken. Dieser Staat lehrt dich, dass du dein Land lieben sollst, und dann zwingt er dich, es zu verlassen.«

Yunior hielt inne, schaute auf das hell erleuchtete Krankenhaus gegenüber und schwieg. Yassel kickte mir eine Bierdose zu, ich kickte sie zu Yunior, er schoss sie quer über den Platz. »Was ist, gehen wir, oder gehen wir nicht?«, fragte Yassel unruhig. »Wir gehen«, sagte ich entschieden und reichte Yunior meine Dollars. »Wenn du mich in Deutschland besuchst, gibst du sie mir wieder. Jetzt werden wir uns von Fidel nicht den Abend verderben lassen.«

Yunior grollte noch eine Weile vor sich hin, aber als wir in der Zorra y el Cuervo ankamen, war alles vergessen.

Heute sitzt Yunior allein in seinem Wohnzimmer und blättert in einem englischen Wörterbuch. Er hat seit zwei Tagen das Haus nicht verlassen, weil er auf einen wichtigen Brief wartet, auf das Visum, mit dem er endlich ausreisen kann. Als ich ihm erklären will, warum wir so spät kommen, und von meiner Taxifahrt erzähle, winkt er ab und sagt ruhig: »In Kuba sind wir an das Warten gewöhnt. Man tut ja hier nichts als warten, warten, warten, zwischendurch essen, lieben, lesen, schlendern, schlafen, dabei immer viel daherreden. Man wartet auf einen Bus wie auf den Tod von Fidel, ohne zu wissen, wann er kommt.«

Was für ein anderer Rhythmus hier herrscht! Hier ist das Warten kein nervöses Auf-die-Uhr-Schauen, kein Grund, sich mit anderen zu streiten. Hier legt man seine Uhr einfach ab und genießt. Ich mag diesen zeitlosen Rhythmus, in dem ich hier lebe, das Schlendern, das endlose Sitzen auf irgendwelchen Stufen oder Steinböden, in den Tag hineinleben, ohne zu wissen, was die Nacht bringen wird.

»Aber du darfst dich nicht verführen lassen«, erwidert Yunior, der mir mit funkelnden Augen zugehört hat, »*al camerón que se duerme, se lo lleva la corriente* (den Krebs, der einschläft, holt die Strömung).« Das sagt Mursoli immer.

Yassel lacht: »Wenn mich meine Mutter nicht dauernd wecken würde, wäre ich längst in Santiago aufgewacht!«

Yunior, der schweigend neben uns sitzt, skeptisch die Augenbrauen runterzieht und mit den Gedanken woanders zu sein scheint, unterbricht Yassel plötzlich und fragt mich: »Stimmt es, dass es in Europa elektronische Zeittafeln an der U-Bahn gibt, die dir sagen, in wie viel Minuten der nächste Zug kommt?« Ich nicke. Er will mehr wissen, über den Verkehr, über die Zugverbindungen innerhalb Europas, über die Preise, über die Kaufhäuser, über die Universitäten, Stereoanlagen und Grafikdesign-Computerprogramme, über Jobinterviews, über Jobchancen, über Gehälter, sogar über Steuern. Yunior lässt sich nicht von der kubanischen Strömung wegtragen, er hat ein schwedisches Mädchen geheiratet und braucht nur noch das Visum von der schwedischen Botschaft, um den Flug nach Stockholm kaufen zu können.

Yassel will Kaffee machen, findet aber weder Kaffee noch Kanne: »Ich geh schnell zur Nachbarin«, und schon ist er zur Tür hinaus. Daraufhin sagt Yunior leise: »Ich kann mir gar nicht vorstellen, auch nur einen Tag ohne Yassel zu verbringen. Wir kennen uns seit unserer Kindheit, wir machen alles zusammen. Weißt du«, fügt er stolz hinzu, »er ist klüger als ich. Geld, Karriere, all das hat für ihn keine große Bedeutung. Er sieht, wie der Dollar unsere Insel überschwemmt, wie Castros Ideale im Strom der Zeit zerrinnen, aber er lässt sich davon nicht beeinflussen. Er liebt Kuba, und wenn er liebt, dann ist er treu. Er glaubt an die Treue, so wie er an die Liebe und an die

Freundschaft glaubt. Und nichts kann ihn von seinem Glauben abbringen.«

Ich wundere mich, dass Yunior keinen Kaffee hat, und frage ihn, wo seine Mutter ist. »Draußen«, antwortet er ernst. Ich frage, warum sie dort ist. Yunior setzt sich neben mich auf das braune Sofa, in das man tief einsinkt, und erzählt mir seine Geschichte:

Die ersten Lebensjahre verbrachte er mit seiner Familie in den Solares von Centro Havanna, in einem winzigen, schäbigen Zimmer, das sie mit drei anderen Familien teilten. Dann bekamen sie vom Staat endlich eine eigene Wohnung in Alamar, aber kurz darauf ließen seine Eltern sich scheiden. Der Vater wurde ans andere Ende der Insel versetzt, nach Santiago de Cuba, weil es dort an Ingenieuren mangelte. Er heiratete wieder und ließ sich erneut scheiden. Als seine Arbeit in Santiago de Cuba beendet war, kam er zurück nach Alamar und zog bei Yunior und seiner Mutter ein.

Yunior sagt, das war die schönste Zeit seines Lebens, mit beiden Eltern in einem Haus, auch wenn sie eigentlich getrennt waren.

»Dann war meine Mutter plötzlich spurlos verschwunden«, fährt Yunior fort, »keiner wusste, was mit ihr geschehen war. Zwei Jahre lang. Nichts. Weder wo noch ob sie lebte. Endlich kam ein Brief aus Miami, in dem sie uns alles erklärte. Sie hatte in Havanna als Krankenschwester gearbeitet. Eines Tages kam ein Geschäftsmann aus Venezuela zu ihr, der unter starken Kopfschmerzen litt. Sie behandelte ihn, und er nahm sie mit nach Caracas. Mit ihm ging es ihr nicht sehr gut. Sie entkam nach Miami, wo sie jetzt mit einem Exilkubaner zusammenlebt und sehnsüchtig darauf wartet, dass ich nachkomme. Wir haben uns seit zehn Jahren nicht mehr gesehen.«

Die Tür springt auf, und Yassel stürzt herein mit einem Tablett voll dampfender Kaffeetassen und einer dünnen, krumpuligen Zigarette, die, wie ich vermute, mit Gras gestopft ist. »*Pinga*, Überraschung!«

Yunior strahlt. Er steht auf, schließt Fensterläden und Tür, reicht mir feierlich den Joint und flüstert: »Hoffentlich kommt mein Vater nicht früher nach Hause.«

Yunior und sein Vater leben wie gute Freunde, wie in einer WG, jeder kommt und geht, wann er will, sie können über alles reden, nur nicht übers Kiffen und die Tatsache, dass Yunior eine Tätowierung auf seinem Oberarm hat. Kiffen und sich tätowieren lassen tun für den Vater nur die Verbrecher im Gefängnis. Trotzdem bewundert Yassel Yuniors Vater und dieses »freie« Leben in einem mutterlosen Haushalt.

Yassel lacht fröhlich: »Yunior hat alles, was ich mir wünsche! Die Freiheit, tun zu können, was er will, und die große Liebe.« Daraufhin wird Yunior wieder ernst, winkt ab und geht in die Küche. Nun erzählt mir Yassel von Danae. Er nennt sie das schönste Mädchen von Alamar. Eine Liebesgeschichte wie im Märchen. Denn Yunior hat Danae aus den Klauen einer strengen Mutter befreit, die Schönheit für gefährlich hielt. Wochenlang schwänzte Yunior die Schule und schlich wie ein Fuchs um Danaes Haus. Er wartete, bis die Mutter ihre Tochter zur Mädchenschule brachte, wartete, bis sie sie wieder abholte, wartete auf die Chance, Danae zu entführen. So vergingen mehrere Monate, dann kam die Mutter mit einer Lungenentzündung ins Krankenhaus, und Danae zog zu ihrer Tante, die direkt gegenüber von Yunior wohnt. Diese Tante tratschte den ganzen Tag draußen mit den Nachbarn. So war Danae unbeaufsichtigt. Als die Mutter wieder gesund war, waren Yunior und Danae unzertrennlich. Seit fünf Jahren sind sie zusammen. Aber Yunior hat nicht Danae geheiratet, sondern die Schwedin Linn. Die ist fünfundzwanzig, lebt allein mit ihrer kleinen Tochter in Stockholm und arbeitet in der gleichen Firma wie Yuniors Onkel. Sie erklärte sich bereit, Yunior für fünftausend Dollar in Kuba zu heiraten, fünftausend Dollar, die Yuniors Mutter seit Jahren mühsam zusammengespart hatte.

Yunior kommt zurück und setzt sich wieder. Er erzählt mir, dass er schon lange bevor er Danae kennenlernte, daran dachte, Kuba zu verlassen, um seine Mutter zu sehen. Danae und Yassel, die vielen schönen Sommertage, die sie in den kleinen Hütten am Meer verbrachten, ließen ihn das immer wieder vergessen. Aber mit der Zeit, mit jedem neuen Brief, den er aus Miami erhielt, wurde die Sehnsucht nach seiner Mutter größer. Dass Kuba sich zu dieser Zeit in der schlimmsten Wirtschaftskrise, dem *período especial,* befand, verstärkte seine Sehnsucht nur noch mehr. Yunior erinnert sich, dass seine tägliche Nahrung im Alter von siebzehn Jahren aus einem Glas Zuckerwasser bestand. Die Folgen einer glorreichen Revolution lagen ihm nur knurrend im Magen.

»Einmal«, sagt er zu mir und sieht mich traurig an, »lagen Danae und ich im Bett, wie man so daliegt, nachdem man sich geliebt hat und sich über Gott und die Welt unterhält, und Danae fragte mich, was mein größter Wunsch ist. Weg. Weg aus Kuba, sagte ich. Und ihr Wunsch? Mich zu heiraten.« Er schüttelt nachdenklich den Kopf: »Siehst du, was für einer ich bin? Yassel, das hättest du niemals getan!«

Dann ging alles ganz schnell. Erst kam ein Anruf aus Stockholm, vier Wochen später kam Linn, und innerhalb von zehn Tagen war alles geschehen, Yunior hetzte von einer Behörde zur nächsten, stand in endlosen Warteschlangen für unzählige Papiere an, für die Geburtsurkunde, für den Reisepass, den man in Kuba kaufen muss, für die Trauung, die in fünf Minuten vollzogen war, weil draußen noch hundert andere Paare warteten, für die Weiße Karte (die Erlaubnis, das Land zu verlassen), die zu den siebenhundertfünfzig Dollar Heiratskosten noch mal hundertfünfzig Dollar extra kostet, und für eine Beglaubigung jedes Dokuments beim Innenministerium.

Jetzt ruft Linn jeden Tag aus Stockholm an, weil sie Yunior so sehr vermisst. Sie hat sein Zimmer schon eingerichtet, ihm eine dicke Jacke und feste Schuhe gekauft. Es wird Winter sein in Schweden, wenn er ankommt, und Yunior hat noch nie Schnee gesehen.

Man sagt, wer sich auf Kuba nicht verliebt, war nicht auf Kuba. Linn war auf Kuba. Sie verliebte sich in Yunior, obwohl sie von Danae wusste, und wusste, wie sehr Yunior seine Kubanerin liebt. Trotzdem hofft sie auf eine Wandlung seiner Gefühle, so wie Danae hofft, dass irgendein Wunder geschieht und Yunior nicht geht.

Yassel nimmt die Dominosteine, die auf dem Tisch liegen, und legt einen doppelten Fünfer an. »*Cinco! Sin comer no se puede vivir* (Ohne Essen kann man nicht überleben).« Es gibt hier für alles Sprichwörter, auch fürs Dominospiel. Ich lege eine Fünf und eine Drei an. Yunior legt einen doppelten Dreier und ruft: »*Tres! Tristeza me dan tus penas* (Dein Kummer macht mich traurig).« Dann sieht er mich an, lächelt und zuckt mit den Schultern. »Ich weiß nicht, ob ich das Richtige tue. Ich weiß es wirklich nicht. Ich liebe Kuba, ich bin stolz, Kubaner zu sein, ich liebe meinen Vater, ich liebe Yassel, ich liebe Danae. Aber ich will studieren, Computerwissenschaften, ich will Grafikdesigner werden, ich will viel Geld verdienen, ich will reisen, ich will die Welt sehen. Ist das denn so schlecht? Irgendwann komme ich zurück und hole Danae, wenn sie auf mich wartet.«

Nachwort

Endlose, weiße Sandstrände und türkisblaues Meer unter karibischer Sonne – damit wird Kuba gemeinhin verbunden. Doch die größte Antilleninsel und ihre über viertausend vorgelagerten kleineren und kleinsten Eilande, die die Republik Kuba ausmachen, haben mehr zu bieten: Herzliche Menschen, reges kulturelles Leben und ein Binnenland, das den Küsten vor allem ob seiner üppigen, tropischen Vegetation an Schönheit nichts nachsteht. Cubao, »wo es viel fruchtbare Erde gibt«, sollen vor der spanischen Eroberung die Taínos, die indianischen Ureinwohner, ihr Land genannt haben: Selbst die Berge der Sierra Maestra sind in sattes Grün getaucht, und in den Gärten der Städte gedeihen Avocados von der Größe eines Baseballs neben Zitronen- und Tamarindenbäumen und riesigen, rot blühenden Hibiskussträuchern.

Vor der Revolution von 1959, das lassen Havannas Prachtstraßen und Paläste noch erahnen, war die kubanische Metropole – die große Dame der spanischen Kolonien, wie *Jeanette Erazo Heufelder* sie nennt – kosmopolitischer, wohlhabender und teurer als jede andere Stadt Lateinamerikas. Dem Charme der Stadt, den sie sich trotz sichtbarer »Mangelerscheinungen« bis heute bewahrt hat, erlag einst auch Ernest Hemingway, der sich hier niederließ. *Barbara Schwarzwälder* berichtet, wie er vor Havannas Toren, im malerischen Hafenstädtchen Cojímar, auf Gregorio Fuentes traf, den Mann, der ihn zu seinem großen Roman *Der alte Mann und das Meer* inspirierte.

Die Taínos, die der Insel ihren Namen gaben, haben dagegen kaum Spuren hinterlassen, auch nicht in der Musik, wie *Arne Birkenstock* und *Eduardo Blumenstock* feststellen. Mambo, Chachachá oder die Hits des Buena Vista Social Club haben wir allein der Mischung europäischer und afrikanischer

Rhythmen zu verdanken. Musik und Tanz sind Lebenselixier für die Kubaner. Ganz gleich, ob sie acht oder achtzig Jahre alt sind, und ganz gleich, was es zu feiern gibt – ist das Festmahl verzehrt, hält die Menschen nichts mehr auf dem Stuhl, und selbst in der feuchtesten Augusthitze wird bis tief in die Nacht getanzt und gesungen. Da kommt dann oftmals auch ein altes Lied zu Ehren, das auf den Freiheitskämpfer und Nationalhelden José Martí zurückgeht und dessen Refrain einer Bäuerin aus der Provinz Guantanamo gewidmet ist. Aus dem Stegreif werden neue Strophen hinzugedichtet, die dann entweder schlüpfrig geraten oder ironisch alles aufs Korn nehmen, was nicht funktioniert auf Kuba: *Wolfgang Martin Stroh* hat *Guantanamera* nachgespürt.

Die Speisekarte, davon erzählt *Silvia Caunedo,* zeugt ebenfalls davon, dass sich auf Kuba zwei Kulturen trafen. Ein kräftiger spanischer Eintopf wurde mit afrikanischen Gemüsen versehen – und es entstand der *ajiaco,* der zu Straßenfesten gehört wie bei uns die Erbsensuppe. Und bei keinem Fest fehlt der Rum: Der Dichter Nicolás Guillén beschrieb seine Heimat als Kaiman, lang und grün, mit einer Krone aus Zuckerrohr geflochten. *Leonardo Padura* hat in der zweitgrößten Stadt des Landes, in Santiago de Cuba, dem Geheimnis des berühmtesten Produktes dieses Zuckerrohrs, dem Rum, nachgespürt.

Inzwischen sind die Geldsendungen der emigrierten Familienangehörigen Kubas wichtigste Einnahmequelle, doch über Jahrhunderte »ernährte« sich die Insel ausschließlich von den Produkten ihrer fruchtbaren Erde: Neben dem Zuckerrohr zählt der Tabak dazu, der, zur Zigarre gerollt, von Kuba aus die Welt eroberte, wie *Guillermo Cabrera Infante* berichtet.

Héctor Zumbado tritt den Beweis an, dass den Kubanern (so gut wie) nichts heilig ist, nicht einmal die Stille beim Schach. Kuba und Stille – das gehört einfach nicht zusam-

[illegible] Niemand käme je auf die Idee, sich um Mitternacht über laute Musik oder eine fröhliche Nachbar[illegible] beschweren.

Laute Trommeln begleiten zuweilen auch religiöse Feierlichkeiten: Selbst wenn der Stammbaum eines Kubaners ausschließlich spanische Vorfahren aufweist und er sich als gläubiger Christ begreift – er wird kaum darauf verzichten, regelmäßig die afrikanischen *orishas* gewogen zu stimmen, wie *Ulli Langenbrinck* berichtet. Sogar die katholische Kirche akzeptiert, dass die Bevölkerung, wenn sie zu einem ihrer Heiligen betet, damit gleichzeitig eine afrikanische Gottheit aus dem Olymp der *orishas* anruft. Längst hat die Vermischung der Kultur der spanischen Eroberer mit der der unfreiwilligen afrikanischen Einwanderer etwas Neues, Eigenes hervorgebracht, dies gilt sogar für die Religion. Der Einfluss der Ureinwohner ist auch da nicht mehr spürbar – die Spanier hatten sie weitgehend ausgerottet. Von den Gräueltaten der Spanier erstattet Bischof *Bartolomé de las Casas* Bericht, der die Eroberer auf die Insel Juana – so hatte Kolumbus Kuba zunächst getauft – begleitet hatte.

Die Spanier und ihre kreolischen Nachfahren holten in den folgenden Jahrhunderten Abertausende afrikanische Sklaven auf die Insel, damit sie auf riesigen Zuckerrohrplantagen Fronarbeit leisteten. Der weißen Oberschicht verhalfen sie damit zu Wohlstand. *Alejo Carpentier,* Kubas wohl bedeutendster Schriftsteller des 20. Jahrhunderts, beschreibt das Elend der schwarzen Sklaven, die, suchten sie die Freiheit, wie Tiere gejagt wurden.

In der Familie gaben die kubanischen Frauen schon immer den Ton an. Die Revolution von 1959 hat ihnen dann auch in der Gesellschaft zu mehr Gewicht verholfen: Kaum eine Kubanerin, die heute nicht erwerbstätig wäre. Neben den Frauen und den Afrokubanern, mit deren Diskriminierung die bärtigen Revolutionäre um Fidel Castro und Che Guevara aufgeräumt haben, profitierte vor allem die arme Landbevölkerung von den Umwälzungen, die das sozialistische Regime ab 1959 in Gang setzte, wovon *Eva Karnofsky* erzählt. Doch selbst große Teile der städtischen Mittel- und Oberschicht waren zunächst fasziniert von dem jungen Rechtsanwalt Fidel Castro. Auch *Alma Guillermoprieto* konnte sich seinem Charisma nicht entziehen.

Über die Jahre führte Castros Revolution zu chronischem wirtschaftlichen Mangel, den *Hans Herbst* eindrucksvoll schildert. Neben der Musik hilft der kubanischen Bevölkerung der unerschütterliche, schwarze Humor, das heute oft beschwerliche tägliche Leben zu meistern. *José Miguel Sánchez* legt ihn an den Tag, wenn er sich über europäische Revolutionsromantik amüsiert.

Man lacht überhaupt gern und viel, wie auch der junge Mann in *Marie Pohls* Reisebericht. Dabei ist ihm gar nicht so recht danach zumute: Er wird, wie so viele junge Leute, eine Ausländerin heiraten, um ausreisen zu dürfen, obwohl er seine kubanische Partnerin liebt. Doch die drängenden Briefe der Mutter – sie ist bereits ausgewandert – wiegen schwerer als Liebe und Freundschaft. So mancher Kubaner mag ein Macho sein – aber in der Familie, da herrscht eben die Mutter.

Der Alltag auf der grünen Insel ist eine endlose Kette von Problemen, doch die meisten davon lösen die Kubaner mit bewundernswertem Erfindungsreichtum und unendlicher Geduld. Dieser Band möchte dazu beitragen, den Blick für das Besondere auf Kuba zu schärfen. Und dazu gehören auch und vor allem seine Menschen, die sich trotz aller Widrigkeiten nicht unterkriegen lassen und dem Leben mit Optimismus begegnen – und mit einem Augenzwinkern.

Eva Karnofsky

Worterklärungen

Abuela Großmutter (*Abuelo*: Großvater)
Amontillado trockene Sherrysorte
Animales Tiere
Balsero Flößer
Barbudos Bärtige; Spitzname für die Revolutionäre um Fidel Castro
Barrio Stadtviertel
Batá Trommel
Batista, Fulgencio (1901–1973) kubanischer Militär und Politiker. 1940–1944 gewählter, 1952–1958 diktatorisch regierender Staatspräsident Kubas
Bohio Bauernhütte
Brujo Zauberer, Hexer
Bugspriet eine fest mit dem Rumpf eines Segelschiffes verbundene, nach vorne hinausragende starke Spiere
Caballero Herr
Campesino Bauer
Cariño Zärtlichkeit, Innigkeit, Zuwendung
Ceiba Kapok- oder Wollbaum, heiliger Baum der kubanischen Santería
Cienfuegos, Camilo (1932–1959) neben Ernesto »Che« Guevara, Fidel und Raúl Castro einer der führenden Revolutionäre
Cimarrón geflohener Sklave (auch entlaufenes Tier), der nach der Flucht wild in der Natur lebt
Cohiba Zigarrenmarke
Congrí Gericht aus Reis und schwarzen oder roten Bohnen
Der achtzehnte Brumaire des Louis Bonaparte eine erstmals 1852 veröffentlichte Schrift von Karl Marx
Devisen / Dollars neben dem kubanischen Peso Zahlungsmittel in Kuba. Seit 2004 ist der Dollar als offizielles Zahlungsmittel abgeschafft. Er muss in die wertmäßig gleichgestellte Währung CUC (Peso Convertible) umgetauscht werden
Fruta bomba Papaya
GEMA Gesellschaft für musikalische Aufführungs- und mechanische Vervielfältigungsrechte
Granma offizielle Zeitung der Kommunistischen Partei, benannt nach der Jacht, mit der die Revolutionäre um Fidel Castro von Mexiko aus auf Kuba gelandet sind

Gringo umgangssprachliche Bezeichnung von anderssprachigen, hellhäutigen Ausländern aus den USA und Europa
Guagua Bus
Guapachá Tanz, Variante der Guaracha
Jinetera Prostituierte
Kalebasse ausgehöhlter Kürbis; vorwiegend zur Aufbewahrung und zum Transport von Flüssigkeiten bestimmt
Manicero Erdnussverkäufer
Maraca Rumbakugel
Mate Baum aus der Gattung der Stechpalmen, aus deren Blättern ein Aufgussgetränk hergestellt wird
Mestizen Nachfahren von Weißen und Indianern
Moneda Münze
Monte Christo hier: Zigarrenmarke
Movimiento 26 de Julio Bewegung des 26. Juli (auch M-26-7); die von Fidel Castro geführte Organisation während der kubanischen Revolution
Mulatten (Spanisch: *mulatos*) Menschen mit einem weißen und einem schwarzen Elternteil beziehungsweise Vorfahren
Necesidad Not, Notwendigkeit
Negra Schwarze (*Negro*: Schwarzer)
Nieve Schnee
Palmas reales Königspalmen
Patio Innenhof
¡Patria o muerte! ¡Venceremos! Vaterland oder Tod! Wir werden siegen!
Pequeño klein
Pinga vulgäre kubanische Bezeichnung für Penis
Puro Zigarrc
Que le vaya bién Lassen Sie es sich gut gehen
Regla Conga Gruppierung der Santería, die den Ruf hat, mit dunklen Mächten zu paktieren
Sandunga Gaudi, Spaß
Seeger, Pete (geb. 1919) amerikanischer Folk-Musiker
Toque Schlag
Zafra de los diez millones Zehn-Millionen-Tonnen-Ernte; Fidel Castro forderte im Jahr 1970 eine Steigerung der Zuckerrohrernte auf zehn Millionen Tonnen, scheiterte jedoch

Autorinnen und Autoren

Mit * gekennzeichnete Titel wurden für diese Anthologie vom Verlag neu gesetzt.

Arne Birkenstock
geboren 1967 in Siegen, studierte lateinamerikanische Literatur und Geschichte, Volkswirtschaft und Politik in Köln, Córdoba und Buenos Aires. Sein Studium finanzierte er sich als Akkordeonist. 1999 veröffentlichte er mit Helena Rüegg das Buch *Tango. Geschichte und Geschichten.* Er lebt und arbeitet als Autor und Dokumentarfilmregisseur in Köln.
»Kubas Rhythmen«* (»Kubas Rhythmen – Santería, Son und Revolution«), aus: Der Bürger im Staat, Kuba. Heft 2/2008. © Arne Birkenstock und Eduardo Blumenstock 2008.

Eduardo Blumenstock
geboren 1945 in Madrid, studierte Lateinamerikanistik in Köln, Madrid, Santiago de Chile und Buenos Aires. Er ist Pianist und musikalischer Leiter mehrerer Latin-Formationen und arbeitet als Übersetzer und Dozent für spanische Sprache und Literatur. Zusammen mit Arne Birkenstock veröffentlichte er das Buch *Salsa, Samba, Santería – Lateinamerikanische Musik.*
»Kubas Rhythmen«* (»Kubas Rhythmen – Santería, Son und Revolution«), aus: Der Bürger im Staat, Kuba. Heft 2/2008. © Arne Birkenstock und Eduardo Blumenstock 2008.

Guillermo Cabrera Infante
geboren 1929 in Gibara/Kuba, gestorben 2005 in London. 1952 wurde er verhaftet, nachdem er anzügliche Erzählungen veröffentlicht hatte. 1957 gründete er die Zeitung *Revolución* und wurde Kulturattaché in Brüssel. 1965 schwor er der Revolution ab und ging erst nach Madrid, dann ins Londoner Exil. Sein erster und bedeutendster Roman war *Drei traurige Tiger.* 1979 nahm er die britische Staatsangehörigkeit an.
»Im Land der wandelnden Schornsteine – Die Entdeckung der Zigarre«*, aus: Guillermo Cabrera Infante, *Rauchzeichen.* © Insel Verlag, Frankfurt am Main 1987. Aus dem Englischen von Joachim Kalka.

Alejo Carpentier
geboren 1904 in Havanna als Sohn eines Franzosen und einer Russin, gestorben 1980 in Paris. Nach dem Sieg der Revolution 1959 war er u.a. Professor für Literatur an der Universität Havanna, Leiter des kubanischen Staatsverlages und ab 1966 Kulturattaché in Paris. Er schrieb Essays, Lyrik, Erzählungen und Romane und gilt als der wohl bedeutendste kubanische Schriftsteller des 20. Jahrhunderts.
»Die Flüchtlinge«, aus: Alejo Carpentier, *Krieg der Zeit.* © Suhrkamp Verlag, Frankfurt am Main 1979. Aus dem Spanischen von Anneliese Botond.

Bartolomé de las Casas
geboren 1484 in Sevilla, gestorben 1566 in Madrid. Er war Mitglied des Dominikanerordens und Bischof in den spanischen Kolonien in Amerika. Er begleitete Christoph Kolumbus auf dessen zweiter Reise. 1512 nahm er an der spanischen Eroberung Kubas unter Diego Velázquez de Cuéllar teil. 1542 wurden auf seine Veranlassung Gesetze erlassen, die die Folterung und Tötung von Indianern verboten. Er hinterließ umfangreiches historisches Quellenmaterial sowie Angaben zur Biografie von Christoph Kolumbus.
»Die Schrecken der Eroberung«, aus: Emir Rodríguez Monegal (Hg.), *Die neue Welt. Chroniken Lateinamerikas von Kolumbus bis zu den Unabhängigkeitskriegen.* © Suhrkamp Verlag, Frankfurt am Main 1982. Aus dem Spanischen von Maralde Meyer-Minnemann.

Silvia Caunedo
Journalistin mit kubanischer Mutter und spanischem Vater. Sie hat neben einem kubanischen Kochbuch ein Buch über lateinamerikanische Magie, Mythen und Legenden veröffentlicht. Sie lebt in Madrid.
»Kreolische Gaumenfreuden«*, aus: Silvia Caunedo, *La cocina cubana. Un sabor mestizo.* © Alianza Editorial, Madrid 1999. Aus dem Spanischen von Eva Karnofsky. Deutsche Erstveröffentlichung.

Hans Herbst
geboren 1941 in Hamburg. Nach einer Lehre als Autoschlosser reiste er durch Europa, später nach Mexiko, Nordamerika, Brasilien und in die Karibik. Erste Texte entstanden 1979. Er hat zahlreiche Erzählungen, Reportagen und den Roman *Mendoza* veröffentlicht. Er lebt als Autor und Musiker in Hamburg.

»Würde«* (»Dignidad«), aus: Hans Herbst, *Cuba Linda. Stories, Hans-Herbst-Edition Bd. IV.* © Pendragon Verlag, Bielefeld 2009.

Jeanette Erazo Heufelder
geboren 1964 in Deutschland, ist Ethnologin, Filmemacherin und Autorin mehrerer Romane und Biografien mit dem Themenschwerpunkt Lateinamerika. Sie verbrachte ihre Kindheit in Ecuador. Sie lebt in Potsdam.
»La Habana – Wie ein Diamant im Licht«*, aus: Jeanette Erazo Heufelder, *Havanna Feelings. Die Magie des alten Kuba.* © Bastei Lübbe GmbH & Co. KG, Köln 2001.

Alma Guillermoprieto
geboren 1949 in Mexiko-Stadt, wuchs in den USA auf. Sie berichtet unter anderem im *New Yorker* und in der *New York Review of Books* über Lateinamerika. Für ihre politischen Reportagen, die auch gesammelt in drei Büchern erschienen, erhielt sie zahlreiche Auszeichnungen. Sie lebt in Mexiko-Stadt.
»Fidel«*, aus: Alma Guillermoprieto, *Havanna im Spiegel. Eine Erinnerung an die Revolution.* © Berenberg Verlag, Berlin 2009. Aus dem Spanischen und Englischen von Matthias Wolf.

Eva Karnofsky
geboren 1955 in Wesel, ist promovierte Politologin und schreibt seit 1984 über Lateinamerika. Sie war zunächst unter anderem für die *F. A. Z.* und den Hörfunk der ARD tätig, bevor sie 1993 als Lateinamerikakorrespondentin der *Süddeutschen Zeitung* nach Buenos Aires zog. Seit 2003 lebt sie in Bad Honnef und arbeitet als Autorin und Literaturkritikerin.
»Viva la Revolución«*, aus: Eva Karnofsky, *Die Straße der Tugenden. Eine kubanische Familienchronik.* © Horlemann Verlag, Bad Honnef 2008.

Ulli Langenbrinck
geboren 1955, arbeitet als freie Lektorin und Autorin. Sie ist Verfasserin von Reisereportagen, diversen Reiseführern und Reisebüchern und übersetzte einen Teil des journalistischen Werks von Gabriel García Márquez ins Deutsche.
»Kubas tanzende Götter«, aus: Ulli Langenbrinck, *Kubas tanzende Götter.* Merian, Heft 7/43. © Ulli Langenbrinck 1990.

Leonardo Padura
geboren 1955 in Havanna, einer der bekanntesten noch lebenden kubanischen Autoren. Sein Werk umfasst mehrere Romane, Erzählungen, Reportagen und literaturwissenschaftliche Studien. Zuletzt erschien in Deutschland *Der Mann, der Hunde liebte*. Seine Romane wurden in viele Sprachen übersetzt, und er erhielt zahlreiche Literaturpreise. Er lebt in Havanna.
»Die berauschenden Geheimnisse des Rums«* (»Die berauschende Geschichte des Rums«), aus: Leonardo Padura, *La ebria historia del ron*, Juventud Rebelde, 24. und 30. April 1988. © Leonardo Padura 1988. Aus dem Spanischen von Hans-Joachim Hartstein. Deutsche Erstveröffentlichung.

Marie Pohl
geboren 1979, aufgewachsen in Hamburg, Madrid und New York. Sie studierte Spanisch, arbeitete als Scriptgirl, Übersetzerin und Regieassistentin. Sie lebt heute als Autorin, Schauspielerin und Sängerin in New York.
»Yassel und Yunior«*, aus: Marie Pohl, *Maries Reise*. © Rogner & Bernhard GmbH & Co. Verlags KG, Berlin 2002.

José Miguel Sánchez
geboren 1969 in Havanna. Er studierte dort Biologie. Er hat einen fantastischen Roman und zwei Kurzgeschichtenbände mit Science-Fiction geschrieben, eine Anthologie kubanischer Science-Fiction herausgegeben und dafür verschiedene Preise erhalten. Er lebt in Havanna.
»Eine erfrischend gute Sache«, aus: Michi Strausfeld (Hg.), *Cubanísimo. Junge Erzähler aus Kuba*. © Suhrkamp Verlag, Frankfurt am Main 2000. Aus dem Spanischen von Angelica Schnell.

Barbara Schwarzwälder
geboren 1964 in Barcelona. Nach dem Studium der Journalistik und längeren Aufenthalten in Kolumbien und Venezuela arbeitete sie als Autorin und freie Fernsehproduzentin. Von ihr erschien *Barcelona. Spaziergänge mit Dichtern*. Sie lebt in Barcelona.
»Hemingway, das Meer und die Freiheit«* (»Die alte Villa und das Meer«), aus: Barbara Schwarzwälder, *Havanna. Literarische Spaziergänge*. Rotbuch Verlag, Hamburg 2001. © Barbara Schwarzwälder 2001.

Wolfgang Martin Stroh
geboren 1941 in Stuttgart, war Professor für Musikwissenschaft an der Carl-von-Ossietzky-Universität Oldenburg. Er emeritierte 2006, ist jedoch weiterhin lehrend tätig und leitet ein Studio in Oldenburg. Seit 1968 veröffentlicht er regelmäßig zu musikwissenschaftlichen Themen. Er lebt in Oldenburg.
»Die Melodie und ihre politische Verpflichtung – Eine Spurensuche«* (»Was hat ›Guantanamera‹ mit Taliban und Al Quaida zu tun?«), aus: Wolfgang Martin Stroh, *Was hat »Guantanamera« mit Taliban und Al Quaida zu tun?* Matices. Zeitschrift zu Lateinamerika, Spanien und Portugal, Nr. 44, Winter 2004/05. © Wolfgang Martin Stroh 2004.

Héctor Zumbado
geboren 1932 in Havanna, studierte dort Journalismus. Nach dem Sieg der Revolution arbeitete er zunächst in der Werbung. 1963 erschien seine erste Erzählung. Danach schrieb er wöchentlich humoristische Kurzgeschichten für die Zeitung *Juventud Rebelde,* die später auch als Bücher veröffentlicht wurden. Er war über viele Jahre Kubas bedeutendster Humorist. Er lebt in Havanna.
»Wenn Ohrfeigen in der Luft liegen – Schach auf Kubanisch«* (»El Ajedréz«), aus: H. Zumbado, *Limonada.* Editorial Letras Cubanas, Havanna 1979. Aus dem Spanischen von Eva Karnofsky. Deutsche Erstveröffentlichung. © Héctor Zumbado 1979.

Die Herausgeberin

Eva Karnofsky, geboren 1955 in Wesel, ist promovierte Politologin und schreibt seit 1984 über Lateinamerika. Sie war zunächst unter anderem für die *F. A. Z.* und den Hörfunk der ARD tätig, bevor sie 1993 als Lateinamerikakorrespondentin der *Süddeutschen Zeitung* nach Buenos Aires zog. Seit 2003 lebt sie in Bad Honnef und arbeitet als Autorin und Literaturkritikerin.

Bildnachweis

7 Straßenszene in Havanna (Foto peeterv)
24 Statue von Ernest Hemingway in einer Bar in Havanna. Im Hintergrund eine Fotografie mit ihm und Fidel Castro
30 Gruppe von Musikern in den Straßen von Havanna
43 Portrait von José Marti (das gleiche Motiv befindet sich auf dem kubanischen Ein-Peso-Schein)
50 Tafel mit kubanischen Speisen
57 Werbeposter der Fünfzigerjahre von Bacardí
75 Metallplatte mit der Werbung für eine Fünf-Cent-Zigarre
88 Straßenszene in Havanna (Foto Maria Pavlova)
90 Abbildung der Meeresgöttin Yemayá
103 Indianer verteidigen sich gegen die Angriffe der spanischen Eroberer; Strichzeichnung von Theodore de Bry
109 Kunstdruck eines Hundes von Henry Beckwith nach Charles Hancock © The Trustees of the British Museum
123 kubanische Bauern; Fotografie eines Gemäldes (Foto Jared Brick, bhimages.com)
134 Poster »Viva Fidel«, im Stile von Shepard Fairey (Illustration The Iron Lion)
143 kubanische Pesos (Foto Tyom Semonov)
157 Tourismus-Poster
165 Plattenbau mit Che Guevara-Denkmal in Havanna (Foto Dieter Schütz)

Foto Umschlaginnenseite: Maria Pavlova

Leonardo Padura *Der Mann, der Hunde liebte*

Ein rätselhafter Mann, der mit seinen beiden Windhunden am Strand spazieren geht, erzählt dem kubanischen Schriftsteller Iván die Geschichte des Trotzki-Mörders Ramón Mercader. Doch woher kennt dieser Unbekannte alle Facetten aus Mercaders Leben? Leonardo Padura ruft uns die Schauplätze der Weltrevolution in Erinnerung, erweckt ihre Protagonisten zu neuem Leben, zeigt sie in ihren Hoffnungen und zieht die Bilanz ihrer Niederlagen.

»Padura gelingt etwas Seltenes: Er macht aus einem historischen Stoff einen elektrisierenden Abenteuerroman.« *El Periodico de la Publicidad*

Leonardo Padura *Das Havanna-Quartett*

Ein perfektes Leben; Handel der Gefühle;
Labyrinth der Masken; Das Meer der Illusionen

Havanna im Jahr 1989: Im Paradies der Revolution steht nicht alles zum Besten. Schicht um Schicht legt der Polizist Mario Conde die kubanische Realität frei und misst sie an den Illusionen und Träumen seiner Jugend.

»Vier Romane, in denen widerwillig, eigensinnig und doch geachtet als fähigster Schnüffler der Teniente Mario Conde ermittelt. Die Lebenskrise einer Generation, die dunklen Seiten der kubanischen Revolution, die unglückliche Liebe und die Verzweiflung, die aus der Enttäuschung großer Hoffnungen entsteht, das sind die Elemente, die den Reiz von Leonardo Paduras Tetralogie ausmachen.« *Tobias Gohlis, Die Zeit*

Leonardo Padura *Adiós Hemingway*

Vierzig Jahre nach Hemingways Tod wird auf seiner Finca bei Havanna eine Leiche gefunden, getötet mit zwei Kugeln aus einer Maschinenpistole seiner legendären Waffensammlung. War Hemingway ein Mörder?

»Mit dem billigen Kult um den Autor wird in Havanna viel Geld verdient, ob in der Bar Floridita oder dem mondänen Jachthafen Marina Hemingway. Für Leonardo Padura ist das Grund genug, seinen Inspector Conde auf Hemingway anzusetzen und ganz andere Facetten des Idols aufzuzeigen. *Adiós Hemingway* ist Paduras ganz persönliche Hommage an einen entzauberten Mythos.« *Knut Henkel, Neue Zürcher Zeitung*

»Was der klassische Reiseführer nicht leisten kann, fördern die handlichen Bände gezielt zutage.«
Der Tagesspiegel

Ägypten (UT 439)
Hg. von Lucien Leitess

Argentinien (UT 473)
Hg. von Eva Karnofsky

Bali (UT 401)
Hg. von Lucien Leitess

Belgien (UT 512)
Hg. von Françoise Hauser

China (UT 438)
Hg. von Françoise Hauser

Emirate (UT 513)
Hg. von Lucien Leitess

Himalaya (UT 421)
Hg. von Alice Grünfelder

Hongkong (UT 475)
Hg. von Françoise Hauser

Indien (UT 423)
Hg. von Dieter Riemenschneider

Indonesien (UT 476)
Hg. von Lucien Leitess

Innerschweiz (UT 510)
Hg. von Franziska Schläpfer

Island (UT 470)
Hg. von Sabine Barth

Japan (UT 469)
Hg. von Françoise Hauser

Kanada (UT 508)
Hg. von Anke Caroline Burger

Kapverden (UT 509)
Hg. von Hans-Ulrich Stauffer

Kolumbien (UT 548)
Hg. von Ingolf Bruckner

Kreta (UT 472)
Hg. von Ulrike Frank

Kuba (UT 550)
Hg. von Eva Karnofsky

London (UT 511)
Hg. von Holger Ehling

Malediven (UT 507)
Hg. von Françoise Hauser

Marokko (UT 422)
Hg. von Lucien Leitess

Mexiko (UT 441)
Hg. von Anja Oppenheim

Myanmar (UT 443)
Hg. v. Alice Grünfelder u. Lucien Leitess

Norwegen (UT 506)
Hg. von Stefanie Lind

Patagonien und Feuerland (UT 547)
Hg. von Gabriele Eschweiler

Provence (UT 440)
Hg. von Ulrike Frank

Sahara (UT 471)
Hg. von Lucien Leitess

Schweiz (UT 420)
Hg. von Franziska Schläpfer

Südafrika (UT 549)
Hg. von Manfred Loimeier

Tessin (UT 442)
Hg. von Franziska Schläpfer

Thailand (UT 400)

Toskana (UT 474)
Hg. von Manfred Görgens

Mehr über alle Reisebände auf *www.unionsverlag.com/reise*